COLU**ll**NAS

redes de
Reino

COLUILNAS

A menos que se indique lo contrario, todas las citas bíblicas han sido tomadas de la versión RV 1960.
Nota: el énfasis en negrita en partes del texto es del autor.

COLUMNAS

Sergio Ariel Gómez
Pasaje 18 – Casa 874 – Santa Ana
C.P 4400, Salta Capital
Salta, Argentina

Colaboración Especial:
Gabriel & Mercedes Luque

ISBN : 9798392797639
Impreso en Argentina
© 2023 Sergio Ariel Gómez
Categoría: No Ficción / Religión / General

E-mail: re@maxhebeling.com
Tel: +1 (956) 509 5558
San Diego, California 92154 USA

La misión de *Reino Editorial* consiste en proporcionar productos de calidad – con integridad y excelencia –, desde una perspectiva bíblica y confiable, que animen a las personas a conocer y servir a Jesucristo.

ÍNDICE

INTRODUCCIÓN

Este material está diseñado para establecer las bases más sólidas en la vida de un hijo de la casa RDR. Los temas que estaremos ministrando son de suma importancia, ya que nos proveen la información y la formación que nuestra alma, mente y espíritu necesitan.

El desarrollo de RDR columnas tiene una demanda de tiempo y organización por parte de los miembros de RDR. Son 14 imparticiones y cada una de ellas se conectan entre sí, es por esto la importancia de las asistencias.

Luego de cuatro años impartiendo Reino, consideramos que es tiempo de complementar las bases de RDR con columnas doctrinales. A todos y cada uno de los miembros de RDR se les proveerá del conocimiento suficiente para llevar a cabo los cambios necesarios en sus vidas personales.

La doctrina bíblica, o podemos decir la palabra de Dios, nos proporciona la transformación que necesitamos. Claro, esto debe ir acompañado de fe y compromiso. Como en todas las cosas, existe una demanda y en el Reino no hay excepción.

CAPÍTULO I
LA BIBLIA, PALABRA DE DIOS, LOGO, RHEMA

Debemos reconocer que la Palabra de Dios está muy desestimada. Hemos olvidado lo poderosa e importante que es. La Biblia debe ser la impartición más poderosa para un hijo. 2 Timoteo 2:15 dice: "*Procura con diligencia presentarte a Dios aprobado, como obrero que no tiene de qué avergonzarse, que usa bien la palabra de verdad*". Aquí está la revelación a nuestro corazón.

En RDR Columnas vamos a aprender lo necesario para poder conocer y aplicar la Palabra de Dios. Buscamos alinear y fundamentar a cada hijo de RDR.

¿QUÉ ES LA BIBLIA?

La Biblia es la palabra de Dios soplada a hombres que, por medio de sus culturas, idiomas e idiosincrasias, volcaron en papel cada una de las palabras que Dios inspiró en ellos.

La *inspiración* - *revelación* se conoce como "**theopneustos**" (soplar o alentar).

Cuando hablamos de inspiración, no nos referimos a lo que define a un artista, pintor o músico, sino que es el mismo soplo de Dios que recibió Adán luego de ser formado. La Biblia puede definirse como la palabra escrita que salió y sale de la boca de Dios. Es por esto que sigue en un tiempo presente, "Kairós", es decir, en el aquí y en el ahora.

LA PALABRA DE DIOS ES CONFIABLE

En primer lugar, está respaldada por Dios mismo y Dios es verdadero. Creer en Dios es creer ciegamente en su palabra. La fe hace legal la palabra de Dios en nuestras vidas. Sin fe, no es posible que su voz gobierne nuestras vidas.

LA INHERENCIA

Cuando hablamos de la Biblia en su idioma original, podemos asegurar que no se encuentran errores, falencias o fallas en su gramática.

La Biblia es fiel al diseño y a la voluntad divina. La Biblia no contiene contradicciones, como muchos tratan de encontrarle.

La palabra de Dios está sostenida por su propia esencia, es decir, Dios es veraz. Tito 1:2 dice: *"En la esperanza de la vida eterna, la cual Dios, que no miente, prometió desde antes del principio de los siglos"*.

LA BIBLIA ES INMUTABLE

Es decir, que no cambia. Por el hecho de ser la Voz de Dios, está en un tiempo de presente continuo. No se sujeta a modas, ni a lenguas, ni a culturas. Está por encima del "cronos". La Biblia permanece más allá de la tierra y el cielo. Dios mismo declara que *"cielo y tierra pasarán, pero sus palabras no pasarán"*.

LA BIBLIA COMO AUTORIDAD

Por ser la voz misma de Dios y estar respaldada por Él, la Biblia es la máxima autoridad de la iglesia. Entendemos que el Espíritu Santo es la persona que gobierna hoy en la tierra, pero en términos de gobierno, la Biblia está en línea perfecta con el Espíritu Santo.

Los hijos de Dios reconocen su autoridad. De hecho, todo lo que somos como iglesia y como hijos está en la Biblia. Sabemos de Dios por la Biblia, entendemos que Él es nuestro Padre por la Biblia y sabemos que somos hijos por la misma Palabra.

La mayoría de las personas que leen la Biblia desconocen mucho de su naturaleza como libro. No basta con leer. Si bien es el Espíritu quien nos revela la Palabra, debemos respetar ciertas normas de interpretación. En su correcta interpretación encontraremos seguridad de qué es lo que estamos recibiendo o de lo que estamos enseñando.

LA INTERPRETACIÓN DE LA BIBLIA

Es un tema importante que requiere tener en cuenta varios aspectos. Primero, debemos considerar los diferentes *tipos de literatura* presentes en la Biblia, como la *poética*, *histórica*, *escatológica* y *profética*.

Además, es necesario tener conocimientos en gramática, idiomas, culturas y personajes para poder comprender correctamente los textos. También debemos tener en cuenta las traducciones, transliteraciones y copias de la Biblia.

Es importante tener una interpretación que esté en línea con la naturaleza de Dios. En Mateo 4:4 leemos: "*Escrito está: No sólo de pan vivirá el hombre, sino de toda palabra que sale de la boca de Dios*". Y en Mateo 24:35 se dice: "*El cielo y la tierra pasarán, pero mis palabras no pasarán*". Otra forma de interpretar la Biblia es a través de la revelación. En Lucas 24:45 se dice: "*Entonces les abrió el entendimiento, para que comprendiesen las Escrituras*". Esta es la forma más poderosa de interpretar la Biblia, ya que afecta directamente al espíritu. Cuando recibimos la revelación de la Palabra en nuestro espíritu, todo cambia en nuestro ser.

La revelación es la voz perceptible por el Espíritu que nos lleva a una comunión por medio de la fe y la honra.

NOMBRES DE LA BIBLIA

La Escritura o las Sagradas Escrituras son mencionadas en Mateo 21:42, donde Jesús les pregunta: "*¿Nunca leísteis en las Escrituras: 'La piedra que desecharon los edificadores, ha venido a ser cabeza del ángulo? El Señor ha hecho esto, y es cosa maravillosa a nuestros ojos'*".

La Palabra de Dios es mencionada en Mateo 4:4, donde Jesús responde: "*Escrito está: 'No sólo de pan vivirá el hombre, sino de toda palabra que sale de la boca de Dios'*".

La Revelación es mencionada en Lucas 24:45, donde

se dice: *"Entonces les abrió el entendimiento, para que comprendiesen las Escrituras"*.

La Voz es mencionada en Lucas 3:4, donde se cita al profeta Isaías diciendo: *"Voz del que clama en el desierto: Preparad el camino del Señor; Enderezad sus sendas"*. En Hebreos 4:7 también se habla de la voz de Dios: *"otra vez determina un día: Hoy, diciendo después de tanto tiempo, por medio de David, como se dijo: Si oyereis hoy su voz, no endurezcáis vuestros corazones"*. Básicamente, se refiere a una voz que se puede escuchar en el espíritu.

> Un dato interesante es que la palabra "Biblia" no aparece en la Biblia, ya que es el nombre técnico literario que recibe el conjunto de los 66 libros que se refieren a Dios.

> La declaración más poderosa para un hijo de Dios es que la Biblia es la Palabra profética más segura y digna de captar toda nuestra obediencia. Un hijo de honra escucha por amor a su Padre.

TIPS DE LECTURA

1. Debemos entender que la lectura de la Biblia, si bien inicia en el entendimiento, *su objetivo es llegar al espíritu del lector*. Por ser la voz de Dios, es necesario tener fe al leer. Sin fe, solo es una mera lectura.

2. Por otro lado, la Palabra de Dios *tiene poder*

inherente y *tiene vida*. Logra afectar sí o sí, y aunque sea una lectura muy sencilla y natural, causará un efecto, sí o sí.

3. La Biblia es una *voz de autoridad* y *de gobierno*. Por lo tanto, quien la lea será confrontado en su carácter. La Biblia está llena de órdenes que serán de transformación para todo aquel que crea y la obedezca. De hecho, la Palabra de Dios demanda una determinación en el espíritu para poder aplicarla.

4. Como la Biblia es la voz de Dios y está alineada al diseño, entonces *nos afecta en el alma*, o sea, emociones que están muy en lo profundo. Al leer la Palabra, seremos descubiertos y llevados a la sanidad, arrepentimiento y cambio. Hebreos 4:12 dice: *"Porque la palabra de Dios es viva y eficaz, y más cortante que toda espada de dos filos; y penetra hasta partir el alma y el espíritu, las coyunturas y los tuétanos, y discierne los pensamientos y las intenciones del corazón"*.

5. La Palabra de Dios demanda un *compromiso consciente* y *sincero*. Siempre tendremos un gran conflicto con las demandas cotidianas de trabajo, estudios, amistades y emociones. Es por esto que necesitamos aún más la Palabra de Dios.

6. *Leer* la Palabra de Dios y *orar van de la mano*. Cuando oramos, nuestro espíritu se hace receptivo a la voz de Dios por medio de la Biblia. También debemos practicar la honra, porque por medio de la honra viene la revelación.

7. Por último, debemos *ser estratégicos para una lectura eficaz*. Primero, buscar un tiempo de

calidad, o sea, sin ruidos ni molestias. También un programa de lectura, leer por libros y hacer una continuidad desde Génesis en adelante. Es importante tener preguntas y buscar las respuestas bajo la guía pastoral. Ser sabio para leer.

CAPÍTULO 2

EL PADRE, EL HIJO Y EL ESPÍRITU SANTO

DOCTRINA BÁSICA O INICIAL

Iniciar cualquier intento de estudio sobre Dios debe ir acompañado de un reconocimiento de que tal estudio no será suficiente. Dios es inescrutable, y solo podremos saber lo que Él quiere revelarnos de sí mismo.

Cuando hablamos de Dios, estamos refiriéndonos a un Dios Trino. A esta característica se la conoce como la Trinidad (Padre, Hijo, Espíritu Santo).

La Trinidad se puede definir como la economía de Dios, es decir, un sistema de gobierno donde cada persona tiene un rol. Esto define a Dios con más claridad, ya que, si bien Dios es espíritu, en su función es gobierno (La Trinidad es un misterio para el hombre).

Cada integrante de la Trinidad cumple un rol donde los tres portan la misma autoridad.

Dios es la palabra genérica que se utiliza para definir una deidad según cada cultura. En las culturas paganas, tenían dioses. Eran demonios y cultos a Satanás. El único y verdadero Dios siempre se escribe con mayúscula. El nombre que Dios se da a sí mismo es Jehová, Yhwh o Jh y su definición es **Yo Soy** – Yo soy el que soy. Esta definición es por excelencia el nombre que Dios se da a sí mismo. **Yo Soy** es una declaración de existencia y de autoridad.

EL PADRE, DIOS COMO PAPÁ

Es muy importante aclarar que para un hijo esta es la mayor declaración. Papá - Abba es su rol y su esencia, su naturaleza, su paternidad es la expresión con la que nos busca.

Aquí vemos por qué el concepto de oveja es solo para mostrar nuestra condición y su corazón pastoral (analogía). El Padre es creador y el que sostiene el universo.

Dios como Papá provee a los hijos todo beneficio de su naturaleza paterna, amor, ADN, herencia, cobertura:

Mateo 5:16 "*Así alumbre vuestra luz delante de los hombres, para que vean vuestras buenas obras, y glorifiquen a vuestro Padre que está en los cielos*". El Padre está en los cielos.

Mateo 5:48 "*Sed, pues, vosotros perfectos, como vuestro Padre que está en los cielos es perfecto*". El Padre es perfecto.

Mateo 6:4 "*Para que sea tu limosna en secreto; y tu Padre que ve en lo secreto te recompensará en público…*"

Mateo 6: 6, "*Mas tú, cuando ores, entra en tu aposento, y cerrada la puerta, ora a tu Padre que está en secreto; y tu Padre que ve en lo secreto te recompensará en público*". El Padre ve en lo secreto y está en lo secreto.

Mateo 6:32 *"Porque los gentiles buscan todas estas cosas; pero vuestro Padre celestial sabe que tenéis necesidad de todas estas cosas"*. El Padre conoce todas nuestras necesidades.

Mateo 16:17 *"Entonces le respondió Jesús: Bienaventurado eres, Simón, hijo de Jonás, porque no te lo reveló carne ni sangre, sino mi Padre que está en los cielos"*. El Padre es quien revela.

Juan 5:17 *"Y Jesús les respondió: Mi Padre hasta ahora trabaja, y yo trabajo"*. El Padre trabaja - su naturaleza y acción es una tarea.

PATERNIDAD

El origen de la paternidad está en la esencia de Dios. Él es Papá. Cuando fuimos hechos a su imagen y semejanza, recibimos esa misma naturaleza y ejercemos la paternidad-maternidad.

El Padre cubre todo lo que un papá o mamá hace con un hijo. Si Dios es papá, entonces por defecto debe haber un hijo. Sin hijo, no hay padre. En Cristo, recibimos este privilegio de ser hechos hijos de Dios. Somos hijos por fe en Cristo.

JESUCRISTO: EL HIJO

Jesús es el nombre. Cristo es su función, que significa Mesías o ungido.

"La unión hipostática del hombre teantrópico" se refiere a que Jesucristo es 100% hombre y 100% Dios.

Es importante entender que en Cristo es donde las sectas distorsionan la verdad.

Por ejemplo:

- Los testigos de Jehová dicen que Cristo no es Dios, sino un buen hombre o un dios (con minúscula).
- Los mormones dicen que Cristo es hijo de Dios como Satanás. También dicen que Dios Padre e Hijo evolucionaron de hombres a dioses.
- Los musulmanes dicen que Cristo fue un gran profeta, como Moisés, Abraham o Mohamed.

Juan 1:1 dice: *"En el principio era el Verbo, y el Verbo era con Dios, y el Verbo era Dios"*. Esto elimina toda distorsión de Cristo y evidencia que Cristo existía antes de la creación, lo que se llama preexistencia de Cristo.

NATURALEZA DIVINA	NATURALEZA HUMANA
Antes que Abraham naciera: "yo soy". Jn 8:58	Nacido de mujer. Gálatas 4:4
Jesucristo es el mismo ayer, hoy y siempre. Hebreos 13:8	Jesús creció en sabiduría y estatura. Lc 2:52
Jesús tenía conocimiento. Juan 2:24 – 21:17	Jesús tenía hambre. Mt 4:2
Jesús es Todopoderoso. Mt 28:18 - Jn 5:19	Jesús tenía sed. Jn 4:7
Jesús es Omnipresente. Mt 28:20	Jesús se cansó, lloró y durmió. Jn 4:6 - Mt 8:24 -Jn 11:35
Jesús es creador. Cls 1:16	Jesús fue tentado. Hebreos 4:15
Jesús hizo milagros. Jn 2:7-11	Jesús murió. Jn 19:30

COLUINAS

CRISTO RESUCITÓ

Creer que Cristo resucitó es aceptar y validar por la fe que la salvación viene por Jesús. Los que dicen que Cristo no resucitó no pueden entrar al cielo. Jesús es hijo de Dios y Dios.

Mateo 22:42 dice: "*diciendo: ¿Qué pensáis del Cristo? ¿De quién es hijo? Le dijeron: De David*". Esta pregunta confronta toda incredulidad. El mismo Jesús confronta a los fariseos preguntándoles de quién es hijo. El que me conoce a mí conoce al Padre y viceversa. Esto es por diseño. Acercarnos al Padre debe incluir al Hijo.

El Padre evidencia quién es Jesús en Mateo 3:17: "*Y hubo una voz de los cielos que decía: Este es mi Hijo amado, en quien tengo complacencia*". Aquí el Hijo es reconocido y legalizado.

El Hijo como Rey: las características del Señor Jesús manifiestan su gobierno.

1. Él es la luz del mundo.
2. La resurrección y la vida.
3. El camino, la verdad y la vida.
4. El alfa y el omega.
5. Jesucristo está sentado a la diestra del Padre y es la autoridad del Reino de los Cielos.
6. Jesucristo salva y perdona pecados (Mateo 1:21).
7. Jesucristo intercede por nosotros (1° Juan 2:1-2). Él es la propiciación por nuestros pecados, y no solamente por los nuestros, sino también por los de todo el mundo.
8. Jesucristo volverá. Esto se llama la 2° venida.

27

Jesucristo hoy (Apocalipsis 1:13-16): "*y en medio de los siete candeleros, a uno semejante al Hijo del Hombre, vestido de una ropa que llegaba hasta los pies, y ceñido por el pecho con un cinto de oro. Su cabeza y sus cabellos eran blancos como blanca lana, como nieve; sus ojos como llama de fuego; y sus pies semejantes al bronce bruñido, refulgente como en un horno; y su voz como estruendo de muchas aguas. Tenía en su diestra siete estrellas; de su boca salía una espada aguda de dos filos*".

ESPIRITU SANTO - *PNEUMATOLOGÍA*

En lo personal, puedo decir que el Espíritu Santo es la persona que debemos conocer en profundidad y de manera personal. Creo que hay una intimidad particular e individual con cada hijo. Conocerlo tiene una alta demanda de búsqueda.

Lo primero que debemos reconocer es que el Espíritu Santo es una persona, no una fuerza. Cuando decimos "tercera persona", no es porque sea menor, sino solamente por función en el gobierno de la Trinidad. Él estuvo todo el tiempo en todo. Si decimos que el Espíritu Santo es una persona, no podemos creer que es una fuerza ni que puede ser controlada.

Por falta de conocimiento, las personas involucran al Espíritu Santo en sus experiencias. Si bien es cierto que hay una experiencia personal con el Espíritu Santo, esto no significa que cada experiencia sea del Espíritu Santo. Nosotros no nos regimos por las experiencias, sino por la Biblia. Si alguna manifestación del Espíritu Santo llegó a nuestras vidas, esta experiencia debe estar de acuerdo con la palabra de Dios.

EVIDENCIAS QUE EL ESPÍRITU SANTO ES UNA PERSONA

Él tiene pensamientos y puede entender los pensamientos de los hombres, y conoce los pensamientos de Dios. (1 Corintios 2:10-11): *"Pero Dios nos las reveló a nosotros por el Espíritu; porque el Espíritu todo lo escudriña, aun lo profundo de Dios. Porque ¿quién de los hombres sabe las cosas del hombre, sino el espíritu del hombre que está en él? Así tampoco nadie conoció las cosas de Dios, sino el Espíritu de Dios"*.

Él tiene voluntad propia. (1 Corintios 12:11): *"Pero todas estas cosas las hace uno y el mismo Espíritu, repartiendo a cada uno en particular como él quiere"*. Hace lo que Él quiere, y tener una relación con el Espíritu Santo es hacer Su voluntad.

El Espíritu Santo tiene emociones y sentimientos. (Efesios 4:30): *"Y no contristéis al Espíritu Santo de Dios, con el cual fuisteis sellados para el día de la redención"*).

La Biblia se refiere y trata al Espíritu Santo como a una persona. (Juan 14:16-17): *"Y yo rogaré al Padre, y os dará otro Consolador, para que esté con vosotros para siempre: el Espíritu de verdad, al cual el mundo no puede recibir, porque no le ve, ni le conoce; pero vosotros le conocéis, porque mora con vosotros, y estará en vosotros"*.

El Espíritu Santo habita en los hijos de Dios, y por el hecho de que vive en nosotros, no tenemos excusa para pecar.

El Espíritu Santo nos cambia nuestra cultura natural por una cultura de Reino (si le obedecemos). Efesios 5:18: *"No os embriaguéis con vino, en lo cual hay disolución; antes bien sed llenos del Espíritu"*. Ser llenos, el contexto define el término llenura como gobernados. Algo muy importante a destacar es que el gobierno del Espíritu Santo está conectado al Padre y al Hijo. Jamás podrá haber contradicciones en la Trinidad, es un solo diseño y gobierno.

Muchos cristianos tienen experiencias emocionales y, por qué no, psicológicas, y se las atribuyen al Espíritu Santo. La frase más común es: "El Espíritu Santo me dijo o me habló". Otra es: "Yo sentí todo el cuerpo tocado, erizado o movido por el Espíritu Santo".

Y si bien esto es posible, tal experiencia debe producir un cambio en el alma y en la fe. Un verdadero toque del Espíritu Santo nos llevará a la santidad.

EL FRUTO

El fruto del Espíritu Santo es muy importante destacar, ya que choca directamente con nuestra naturaleza pecaminosa. Esto se debe al hecho de que estamos bajo un gobierno que nos permite hacer todo lo que la carne desea. Sin embargo, al ser llenos del Espíritu Santo, o mejor dicho, gobernados por Él, el fruto se hará visible. Hay quienes quieren el fruto, pero no el gobierno.

(Gálatas 5:22-23) dice: "*Mas el fruto del Espíritu es amor, gozo, paz, paciencia, benignidad, bondad, fe, mansedumbre, templanza; contra tales cosas no hay ley*").

El fruto del Espíritu Santo produce una serie de cambios evidentes en un hijo lleno, frente a alguien que no lo está. Este fruto jamás nos permitiría competir entre hermanos, al contrario, el amor nos lleva a cuidar, ayudar y servir a los débiles o a aquellos que están en la carne.

La gran frase "por sus frutos los conoceréis" nos da luz de quién está lleno y de quién solamente habla de una llenura. El Espíritu Santo es nuestro consolador, nos guía a toda verdad y habita en cada hijo. Por esta razón, ningún hijo puede argumentar que no puede o que no entiende cada orden, ya que su guía nos permite santificarnos, amar, dar y servir. El "no puedo" es solo una excusa de rebeldía a la orden.

Por el hecho de ser ciudadanos del cielo, tenemos beneficios y responsabilidades. Es el Espíritu Santo quien nos permite caminar en este Reino.

CAPÍTULO 3

EL PECADO, SATANÁS Y LOS DEMONIOS

EL HOMBRE Y EL PECADO

Para poder entender el pecado del hombre, debemos entender el origen del hombre. La Biblia nos enseña todo acerca del hombre y sus conductas. Es obvio que Dios creó al hombre en perfección, pero por causa del pecado, se rompió la relación directa con el Padre y a partir de allí todo cambió. También debemos saber que Dios, en su omnisciencia, ya había contemplado el pecado del hombre y, por consecuencia, la salvación del mismo.

Entonces, para estudiar sobre el pecado, debemos hablar de antropología, es decir, la ciencia que estudia el comportamiento del hombre. En la rama de la antropología, tenemos variedad de áreas. Aquí solo veremos las necesarias.

1. ANTROPOLOGÍA CULTURAL

Es la que estudia al hombre y sus idiomas, sus costumbres o cultura, trabajo o labor social.

2. ANTROPOLOGÍA ARQUEOLÓGICA

Se ocupa de la investigación y el análisis de la cultura material de las sociedades pasadas y presentes.

3. ANTROPOLOGÍA BIOLÓGICA O FÍSICA

Estudia la biología humana en relación con la cultura y estudia el origen evolutivo del hombre. Aquí se gestan teorías como las del mono o Big Bang.

4. ANTROPOLOGÍA BÍBLICA

Por obvias razones, en esta rama de la antropología se estudia al hombre desde la Biblia y la creación. El hombre es creado por Dios. Debemos marcar que, para un hijo de Dios, esto no es una teoría, sino una convicción de fe. En esta rama, vemos cómo el hombre se fue desarrollando a partir de lo creado. Adán, quien es el hombre creado por Dios, pertenecía a una cultura divina de la que no tenía pecado. Adán estaba en un estado de perfección, ya que Dios todo lo hace perfecto. Adán estaba conectado a Dios directamente.

En Génesis 1:27 se lee: "*Y creó Dios al hombre a su imagen, a imagen de Dios lo creó; varón y hembra los creó*". En adelante, Adán fue creado por Dios y puesto ya en un sistema cultural perfecto. Cada cosa creada funcionaba a la perfección.

¿Y QUÉ PASÓ?

Un acto de desobediencia produjo un efecto devastador e irreversible para el hombre creado. Toda conexión se rompió y ahora el hombre estaba separado de Dios y fue expulsado del Edén, el lugar en el que Dios lo había insertado física y culturalmente.

El Edén contenía todo lo que representa al cielo, la presencia de Dios y un ambiente de perfección. Una creación diseñada para el desarrollo del hombre en armonía con Dios.

BASES DE LA ANTROPOLOGÍA BÍBLICA

Lo primero que debemos aceptar es que la Biblia es inspirada por Dios y que en ella no hay mentira.

1. El hombre fue creado por Dios y no es producto de ninguna teoría.

2. El hombre es superior a los animales, gobierna sobre ellos y no proviene de ellos.

3. El hombre fue creado a imagen y semejanza de Dios.

4. El hombre está compuesto de espíritu, alma y cuerpo.

5. El hombre posee un espíritu eterno y una naturaleza humana finita, es decir, que tiene un fin.

6. En cuanto al diseño, debemos considerar al hombre según la Biblia lo enseña. El varón y la mujer tienen el mismo valor, pero desempeñan diferentes roles. El hombre es la cabeza y la mujer es su ayuda idónea.

ANTROPOLOGÍA BÍBLICA Y EL PECADO

En Adán, se rompió el diseño, haciendo al hombre ilegal al Reino, y en Cristo, el hombre recupera el diseño. Entre Adán y Cristo, existe la ley. Esta ley fue diseñada para crear en el hombre una cultura que permita al hombre acercarse a Dios (aunque la ley fue dada primeramente al pueblo judío). En realidad, la idea es que toda la humanidad pueda vivir bajo la ley hasta la venida del Señor Jesús.

Es notorio que el pueblo Judío o Israel no pudieron lograr este objetivo. Para entender un poco más, debemos notar que la problemática siempre fue el gobierno. La ley llevaba al hombre a someterse al gobierno de Dios. Si Jehová era su gobierno, entonces caminaban bajo su ley, pero cuando había otras leyes y costumbres, entonces era que tenían otros dioses. Quien gobernaba establecía la ley. La ley muestra el pecado que habita en el hombre.

1 Y habló Dios todas estas palabras, diciendo: 2 Yo soy Jehová tu Dios, que te saqué de la tierra de Egipto, de casa de servidumbre. 3 No tendrás dioses ajenos delante de mí. 4 No te harás imagen, ni ninguna semejanza de lo que esté arriba en el cielo, ni abajo en la tierra, ni en las aguas debajo de la tierra. 5 No te inclinarás a ellas, ni las honrarás; porque yo soy Jehová tu Dios, fuerte, celoso, que visito la maldad de los padres sobre los hijos hasta la tercera y cuarta generación de los que me aborrecen, 6 y hago misericordia a millares, a los que me aman y guardan mis mandamientos. 7 No tomarás el nombre de Jehová tu Dios en vano; porque no dará por inocente Jehová al que tomare su nombre en vano. 8 Acuérdate del día de reposo para santificarlo. 9 Seis días trabajarás, y harás toda tu obra; 10 mas el séptimo día es reposo para Jehová tu Dios; no hagas en él obra alguna, tú, ni tu hijo, ni tu hija, ni tu siervo, ni tu criada, ni tu bestia, ni tu extranjero que está dentro de tus puertas.

11 Porque en seis días hizo Jehová los cielos y la tierra, el mar, y todas las cosas que en ellos hay, y reposó en el séptimo día; por tanto, Jehová bendijo el día de reposo y lo santificó. 12 Honra a tu padre y a tu madre, para que tus días se alarguen en la tierra que Jehová tu Dios te da. 13 No matarás. 14 No cometerás adulterio. 15 No hurtarás. 16 No hablarás contra tu prójimo falso testimonio. 17 No codiciarás la casa de tu prójimo, no codiciarás la mujer de tu prójimo, ni su siervo, ni su criada, ni su buey, ni su asno, ni cosa alguna de tu prójimo. (Éxodo 20:1-17 RV 1960).

Debemos entender que la ley evidencia el pecado, pero se aplica desde lo exterior. O sea, que la ley tenía como objetivo que el hombre tuviera conciencia del pecado que habita en su interior. No se podía hacer nada desde adentro del hombre sino desde una ley exterior. No matar era la orden que dejaba afuera a un potencial asesino.

EL PROBLEMA DE LA LEY

Para entender la limitación de la ley, vamos a incluir una palabra que define la verdadera intención de la ley, que es el corazón.

Cuando hablamos de pecado, debemos saber que estamos hablando de un corazón que está alejado de Dios y, por consecuencia, actúa según su naturaleza. La base es que todos estamos lejos de Dios por causa del pecado que habita en nuestros corazones.

"**Corazón**" aparece 154 veces en el Nuevo Testamento. Es la parte donde se aplica todo lo espiritual. El corazón no es el alma ni el espíritu, sino que es la esencia de la persona.

De aquí nacen las intenciones, las motivaciones y aún más, los pensamientos.

Marcos 7:14-23 dice: "*Y llamando a sí a toda la multitud, les dijo: Oídme todos, y entended: Nada hay fuera del hombre que entre en él, que le pueda contaminar; pero lo que sale de él, eso es lo que contamina al hombre. Si alguno tiene oídos para oír, oiga. Cuando se alejó de la multitud y entró en casa, le preguntaron sus discípulos sobre la parábola. Él les dijo: ¿También vosotros estáis así sin entendimiento? ¿No entendéis que todo lo de fuera que entra en el hombre, no le puede contaminar, porque no entra en su corazón, sino en el vientre, y sale a la letrina? Esto decía, haciendo limpios todos los alimentos. Pero decía, que lo que del hombre sale, eso contamina al hombre.* Porque de dentro, del corazón *de los hombres, salen los malos pensamientos, los adulterios, las fornicaciones, los homicidios, los hurtos, las avaricias, las maldades, el engaño, la lascivia, la envidia, la maledicencia, la soberbia, la insensatez. Todas estas maldades de dentro salen, y contaminan al hombre".*

En el corazón radica el problema de fondo con el pecado. Es aquí donde se define quién gobierna. Es por esto que en el corazón es donde se debe recibir como gobierno a Cristo. El señorío de Jesús debe ser en el corazón, no en el alma ni en la mente, sino que es en el corazón donde debe gobernar Jesús.

Conciencia y corazón: podríamos decir que la conciencia es el ejercicio del corazón. Allí es donde todo ser humano tiene el albedrío, allí tomamos las decisiones. Es más, allí es donde están nuestras convicciones y es allí donde debe habitar la fe.

En Romanos 2:15 se dice: *"mostrando la obra de la ley escrita en sus corazones, dando testimonio su conciencia, y acusándoles o defendiéndoles sus razonamientos".* Y en 1 Timoteo 1:5 se dice: *"Pues el propósito de este mandamiento es el amor nacido de corazón limpio, y de buena conciencia, y de fe no fingida".* Esto deja al hombre sin excusa, porque la conciencia nos da evidencia de la existencia de Dios.

La carne: la palabra "carne" en la Biblia no es el cuerpo, sino la naturaleza pecaminosa. Aquí habitan las pasiones pecaminosas que están despertadas por la ley. La carne somete al cuerpo, ya que quien fornica utiliza los miembros del cuerpo para ejecutar el pecado que habita en el corazón.

También algo más sencillo, pero no menos pecaminoso, es que hablamos según lo que tengamos en el corazón, porque de la abundancia del corazón habla la boca.

ANTROPOLOGÍA DE REINO A PARTIR DEL PECADO

Un detalle no menor es que, por causa de la maldición, el hombre está designado como autoridad sobre la mujer. A partir de este punto, ambos están destituidos de la presencia de Dios.

El diseño se reafirma porque, al estar sin línea directa, será necesario establecer un orden legal de autoridad. La orden a la mujer fue: "tu deseo será para tu marido y él se enseñoreará de ti".

Este mandato se puede entender así:

1. **Deseo sexual**: el corazón del hombre fue sometido al gobierno de la rebeldía y, por esta razón, hoy el sexo en el matrimonio sufre contradicciones. La mujer, en su rebeldía, no obedece a la orden que Dios establece. Por otro lado, en lo ilegal, la mujer puede ser sometida a una vida sexual desordenada. Esto se da en ámbitos de tinieblas, cuando actúan demonios. El deseo es adulterado. En el varón, el deseo nace del corazón desleal por causa del pecado y busca independizarse de Dios y de la mujer del marido.

2. **El deseo de dependencia**: en un corazón obediente y sujeto, este mandamiento es la mayor bendición. Al estar fuera del Edén, la mujer quedaría sola y sin cobertura. Dios le proveyó de un deseo de estar bajo cobertura porque allí hay legalidad. Es notable que el diablo utiliza este

deseo para distorsionar un diseño. Hoy, la mujer no quiere esta dependencia del esposo.

En el varón, se produce el conflicto de que no puede gobernar a causa del pecado. Una autoridad debe estar bajo autoridad y, a causa de la rebeldía, el varón no posee tal autoridad. Es por esto que el Reino de los Cielos, por medio de Jesucristo, posiciona al varón una vez más para poder tener autoridad. Quien tiene a Cristo como Señor y Salvador recupera la autoridad en el diseño y, por consecuencia, sus beneficios.

EL ORIGEN DEL PECADO

El pecado entró en el universo por medio de la rebeldía de Satanás. Nota importante: para que Satanás afecte con su esencia a un hijo de Dios, debe haber un contacto y una voz. Debemos entender que el pecado es todo lo que representa a Satanás. Cuando el pecado entra en el hombre, a partir de ese instante, es el hombre representante de una naturaleza satánica.

El origen de la rebeldía está en un hecho celestial. Satanás o Lucifer intentó hacer un golpe de Estado en contra de Dios. El orgullo, o sea, un concepto de superioridad más una determinación a buscar poder, dan como resultado la rebelión más grande que haya existido. Es por esto que la rebeldía es inaceptable en el Reino de los Cielos. Esto explica por qué la obediencia es la línea en que se mueve el Reino de Dios. Es más, la obediencia es la que es premiada, o sea, la bendición.

El pecado en el hombre: Génesis 3:1-7

1. *Pero la serpiente era astuta, más que todos los animales del campo que Jehová Dios había hecho; la cual dijo a la mujer: ¿Conque Dios os ha dicho:*

No comáis de todo árbol del huerto?

2. Y la mujer respondió a la serpiente: Del fruto de los árboles del huerto podemos comer;

3. pero del fruto del árbol que está en medio del huerto dijo Dios: No comeréis de él, ni le tocaréis, para que no muráis.

4. Entonces la serpiente dijo a la mujer: No moriréis;

5. sino que sabe Dios que el día que comáis de él, serán abiertos vuestros ojos, y seréis como Dios, sabiendo el bien y el mal.

6. Y vio la mujer que el árbol era bueno para comer, y que era agradable a los ojos, y árbol codiciable para alcanzar la sabiduría; y tomó de su fruto, y comió; y dio también a su marido, el cual comió así como ella.

7. Entonces fueron abiertos los ojos de ambos, y conocieron que estaban desnudos.

Vemos cómo el pecado entró a la humanidad por causa de la desobediencia. Este pecado es hereditario a toda la humanidad, por la simple razón de que Adán tenía la capacidad de multiplicar según su imagen.

Él tenía la facultad legal de transmitir por el ADN herencia. Cuando Adán peca, hace hereditario el pecado a toda la humanidad.

MUY IMPORTANTE: Si en Adán se hizo legal el pecado, la muerte y sus maldiciones, en Cristo Jesús se hizo legal la salvación. En Adán, por causa de desobediencia, y en Cristo, por la obediencia.

En Adán, todos son constituidos pecadores, pero en Cristo, todos somos constituidos justos.

CONSECUENCIA DEL PECADO DE ADÁN

Adán y Eva se dieron cuenta de que estaban desnudos. Es importante aclarar que la desnudez no es pecado. Lo que se incorporó en ellos fue la vergüenza, que hasta ese momento nunca habían experimentado delante de Dios. Cabe resaltar que la vergüenza es frente a Dios, es decir, de la autoridad directa.

La vergüenza es la palabra que define una sensación almática e intelectual. Es notable que hasta ese momento jamás habían sentido vergüenza. En Génesis 3:8, se menciona que "oyeron la voz de Jehová Dios que se paseaba en el huerto, al aire del día; y el hombre y su mujer se escondieron de la presencia de Jehová Dios entre los árboles del huerto".

Esto muestra que se escondieron de la presencia de Dios, ya no querían ir a la iglesia. ¡Ja, ja, ja! El siguiente paso fue esconderse, lo que evidencia que la rebeldía ya estaba en sus corazones. Esto muestra la independencia que ahora estaba en ellos. El orgullo y la vergüenza dan a luz y hacen alejarse de Dios.

En Génesis 3:16, se lee: "*A la mujer dijo: Multiplicaré en gran manera los dolores en tus preñeces; con dolor darás a luz los hijos; y tu deseo será para tu marido, y él se enseñoreará de ti*".

La mujer es afectada en su parto. Debemos entender que hasta ese momento nunca había tenido dolores de parto, pero ya había tenido hijos. Dios diseñó el dar a luz con gozo, pero por el pecado será con dolores.

En Génesis 3:17-19, se menciona: "*Y al hombre dijo: Por cuanto obedeciste a la voz de tu mujer, y comiste del árbol de que te mandé diciendo: No comerás de él; maldita será la tierra por tu causa; con dolor comerás*" *de ella todos los días de tu vida. Espinos y cardos te producirá, y comerás plantas del campo. Con el sudor de tu rostro comerás el pan hasta que vuelvas a la tierra, porque de ella fuiste tomado; pues polvo eres, y al polvo volverás".* Aquí, el varón es castigado por obedecer a la voz de la mujer, dejando de lado la voz de Dios. Como consecuencia, la tierra es afectada por causa del varón. Es importante reconocer que es el hombre quien tiene la facultad de bendecir o maldecir una casa, familia o territorio.

DEFINICIÓN DE PECADO

Romanos 3:23 dice: *"Por cuanto todos pecaron, y están destituidos de la gloria de Dios".* La destitución del hombre de la gloria de Dios es una cuestión de gobierno y santidad. Dios es santo, esa es su naturaleza, y jamás podría estar en su gloria algo que sea ilegal o, dicho de otra manera, pecado.

Podemos definir tres características del pecado: la primera es como *"perder el blanco",* lo que suena como alguien que está perdido en su naturaleza o incompatible.

La incredulidad es una manifestación de la rebelión porque rompe la dependencia con Dios. La duda, el no creer y la deshonra son esencias del pecado. Adán y Eva dudaron, no creyeron y deshonraron la voz de Dios, por lo que el Reino se mueve en fe y honra. En el Reino de los Cielos está prohibido dudar.

La desobediencia es la expresión del pecado. Pecado no es algo ni alguien, sino que es lo que el hombre contiene en su corazón y es contrario a Dios y a su Gobierno. La desobediencia está en la naturaleza del ser humano, que puede ser potenciada por factores externos como la familia, la cultura, etc., pero el corazón del hombre es desobediente y hace según su voluntad. Los hijos estamos llamados a obedecer a Dios, a Su Palabra y a hacer Su Voluntad.

Es por esto que en el diseño todo se mueve por sujeción: el esposo a Dios, la esposa al esposo y los hijos a los padres. La paternidad es el gobierno que rige un patrón de obediencia.

Podemos decir que el pecado es andar en contra de la perfección de Dios y su naturaleza.

EL CARÁCTER DEL PECADO

Existen cuatro características del carácter del pecado:

* Objetivamente: "*Toda injusticia es pecado; pero hay pecado no de muerte. Sabemos que todo aquel que ha nacido de Dios, no practica el pecado, pues Aquel que fue engendrado por Dios le guarda, y el maligno no le toca. Sabemos que somos de Dios, y el mundo entero está bajo el maligno. Pero sabemos que el Hijo de Dios ha venido, y nos ha dado entendimiento para conocer al que es verdadero; y estamos en el verdadero, en su Hijo Jesucristo. Este es el verdadero Dios, y la vida eterna. Hijitos, guardaos de los ídolos. Amén.*" (1 Juan 5:17-21).

* Subjetivamente: El pecado es andar como si no hubiera leyes, manifestando la rebeldía.

* Ilegalmente: El pecado es una infracción a la ley, traspasa la justicia de Dios y manifiesta el tipo de pecado.

* Pecado de omisión: Es la conciencia del bien y del

mal y omitir la acción al respecto, saber hacer lo bueno y no hacerlo o saber que está mal y dejar que suceda.

Nota: El texto original no tenía separación de párrafos, se ha añadido para mejorar la claridad del texto.

ASPECTOS DEL PECADO

18 Porque la ira de Dios se revela desde el cielo contra toda impiedad e injusticia de los hombres que detienen con injusticia la verdad; 19 porque lo que de Dios se conoce les es manifiesto, pues Dios se lo manifestó. 20 Porque las cosas invisibles de él, su eterno poder y deidad, se hacen claramente visibles desde la creación del mundo, siendo entendidas por medio de las cosas hechas, de modo que no tienen excusa.

21 Pues habiendo conocido a Dios, no le glorificaron como a Dios, ni le dieron gracias, sino que se envanecieron en sus razonamientos, y su necio corazón fue entenebrecido. 22 Profesando ser sabios, se hicieron necios, 23 y cambiaron la gloria del Dios incorruptible en semejanza de imagen de hombre corruptible, de aves, de cuadrúpedos y de reptiles. 2

4 Por lo cual también Dios los entregó a la inmundicia, en las concupiscencias de sus corazones, de modo que deshonraron entre sí sus propios cuerpos, 25 ya que cambiaron la verdad de Dios por la mentira, honrando y dando culto a las criaturas antes que al Creador, el cual es bendito por los siglos. Amén. 26 Por esto Dios los entregó a pasiones vergonzosas; pues aún sus mujeres cambiaron el uso natural por el que es contra naturaleza, 27 y de igual modo también los hombres, dejando el uso natural de la mujer, se encendieron en su lascivia unos con otros, cometiendo hechos vergonzosos hombres con hombres, y recibiendo en sí mismos la retribución debida a su extravío.

28 Y como ellos no aprobaron tener en cuenta a Dios, Dios los entregó a una mente reprobada, para hacer cosas que no convienen; 29 estando atestados de toda injusticia, fornicación, perversidad, avaricia, maldad; llenos de envidia, homicidios, contiendas, engaños y malignidades;

30 murmuradores, detractores, aborrecedores de Dios, injuriosos, soberbios, altivos, inventores de males, desobedientes a los padres, 31 necios, desleales, sin afecto natural, implacables, sin misericordia; 32 quienes habiendo entendido el juicio de Dios, que los que practican tales cosas son dignos de muerte, no sólo las hacen, sino que también se complacen con los que las practican. (Romanos 1:18 al 32).

El pecado imputado o culpable: *"Por tanto, como el pecado entró en el mundo por un hombre, y por el pecado la muerte, así la muerte pasó a todos los hombres, por cuanto todos pecaron"* (Romanos 5:12).

"Así que, como por la transgresión de uno vino la condenación a todos los hombres, de la misma manera por la justicia de uno vino a todos los hombres la justificación de vida" (Romanos 5:18).

"Porque, así como en Adán todos mueren, también en Cristo todos serán vivificados" (1 Corintios 15:22).

También en Efesios 2:1, *"Y Él os dio vida a vosotros, cuando estabais muertos en vuestros delitos y pecados"*, revela que estamos muertos. Esto se llama muerte espiritual o separación del hombre y Dios. La consecuencia es la muerte física.

La herencia: "*entre los cuales también todos nosotros vivimos en otro tiempo en los deseos de nuestra carne, haciendo la voluntad de la carne y de los pensamientos, y éramos por naturaleza hijos de ira, lo mismo que los demás*" (Efesios 2:3).

"*Porque, así como por la desobediencia de un hombre los muchos fueron constituidos pecadores, así también por la obediencia de uno, los muchos serán constituidos justos*" (Romanos 5:19).

"*He aquí, en maldad he sido formado, Y en pecado me concibió mi madre*" (Salmos 51:5).

Debemos notar que más allá de los pasajes que nos dejan en claro por qué no hay méritos en ningún hombre, la razón es que el núcleo, o sea, el corazón, posee una ilegalidad al modo engaño.

No es confiable, no es leal, o podemos decir que está adulterado e ilegal.

"*Por cuanto los designios de la carne son enemistad contra Dios; porque no se sujetan a la ley de Dios, ni tampoco pueden; y los que viven según la carne no pueden agradar a Dios*" (Romanos 8:7-8).

Estamos inhabilitados para agradar a Dios por causa del corazón.

La Esencia Personal: *21 Porque de dentro, del corazón de los hombres, salen los malos pensamientos, los adulterios, las fornicaciones, los homicidios, 22 los hurtos, las avaricias, las maldades, el engaño, la lascivia, la envidia, la maledicencia, la soberbia, la insensatez. 23 Todas estas maldades de dentro salen y contaminan al hombre.* (Marcos 7:21 al 23).

19 Y manifiestas son las obras de la carne, que son:

adulterio, fornicación, inmundicia, lascivia, 20 idolatría, hechicerías, enemistades, pleitos, celos, iras, contiendas, disensiones, herejías, 21 envidias, homicidios, borracheras, orgías y cosas semejantes a estas; acerca de las cuales os amonesto, como ya os lo he dicho antes, que los que practican tales cosas no heredarán el reino de Dios. (Gálatas 5:19-21).

Somos, por naturaleza, culpables, pecadores y transgresores. Lo que sigue es hasta dónde dejamos que el pecado se manifieste en nosotros. Es importante marcar que el pecado produjo la depravación total del ser humano. En Efesios cap. 2 entendemos que la depravación del hombre sin Dios es total, la inclinación al mal y a lo antinatural en los instintos y su comportamiento. Otra palabra que describe el estado del ser humano es "corrompido".

LA NATURALEZA DEL PECADO

La naturaleza del pecado es descrita en la Biblia de diferentes maneras.

En 1 Juan 2:16 se dice: "*Porque todo lo que hay en el mundo, los deseos de la carne, los deseos de los ojos, y la vanagloria de la vida, no proviene del Padre, sino del mundo*".

Además, en Gálatas 5:19-21 se mencionan las obras de la carne, que incluyen el adulterio, la fornicación, la inmundicia, la lascivia, la idolatría, las enemistades, los pleitos, los celos, las iras, las contiendas, las disensiones, las herejías, las envidias, los homicidios, las borracheras, las orgías y cosas similares, y se advierte que quienes practican tales cosas no heredarán el reino de Dios.

Entre los deseos de los ojos se encuentran el amor

al dinero, a la ropa y a todo lo material, los celos, las avaricias, el asesinato, el robo, entre otros. Por su parte, los deseos de la carne incluyen la inmoralidad, el adulterio, las borracheras, las drogas, la pereza, la homosexualidad, la maldad, entre otros. Por último, la soberbia de la vida se manifiesta en el orgullo, la presunción, el deseo de ser alabado, el deseo de poder, la arrogancia, la murmuración, la ira, entre otros.

EVITAR LA TENTACIÓN

La prevención es un reconocimiento del estado del corazón.

"Sino que cada uno es tentado, cuando de su propia concupiscencia es atraído y seducido. Entonces la concupiscencia, después que ha concebido, da a luz el pecado; y el pecado, siendo consumado, da a luz la muerte." (Santiago 1:14-15).

"Huye también de las pasiones juveniles, y sigue la justicia, la fe, el amor y la paz, con los que de corazón limpio invocan al Señor." (2 Timoteo 2:22).

Somos llevados por la naturaleza del corazón caído o corrompido. Prevenir es un trabajo de adentro hacia afuera y viceversa.

Por ser hijos de Dios, por ya no estar bajo la esclavitud del pecado y por tener al Espíritu Santo como Gobierno no hay excusas para pecar. El Señor Jesucristo pagó el precio. Por último, para ser libres de la influencia del pecado debemos ser transformados, esto implica cambio de hábitos y de conducta. Lo más importante es que mientras nos dejemos gobernar y sometamos la voluntad al Gobierno de Dios, seremos libres del pecado.

CAPÍTULO 4
SALVACIÓN, JESUCRISTO, SU VENIDA

El plan de la salvación fue planificado en la eternidad por Dios Padre. Casi todo el libro de Efesios habla de esto.

Quien nos salvó y llamó con llamamiento santo, no conforme a nuestras obras, sino según el propósito suyo y la gracia que nos fue dada en Cristo Jesús antes de los tiempos de los siglos. (2 Timoteo 1:9).

Nos revela que antes de los tiempos de los siglos, esta salvación es en beneficio nuestro. Por lo tanto, nos revela que el Padre pensó en nosotros para diseñar este plan de salvación. Y lo más relevante aún es el hecho de que somos pecadores e imperfectos. Su amor es más grande que nuestros defectos, y la fe es el único requisito.

Vale marcar que, aunque la salvación es por fe y que no se necesita ninguna obra o precio, no está diciendo que no costó. Sino, por el contrario, el precio fue la cruz, y esto la hace impagable para nosotros.

LA DOCTRINA DE LA SALVACIÓN

La doctrina de la salvación es conocida como sotería, que significa "salvación". Soter es el término para "salvador" y sozo se refiere a "salvar". Para hablar de la salvación, es necesario hablar de su legalidad, ya que no hay salvación sin justificación y no hay justificación sin Cristo.

Es requisito tener fe en Cristo Jesús como Señor y Salvador.

JUSTIFICACIÓN

La justificación es fundamental: *"Justificados, pues, por la fe, tenemos paz para con Dios por medio de nuestro Señor Jesucristo; por quien también tenemos entrada por la fe a esta gracia en la cual estamos firmes, y nos gloriamos en la esperanza de la gloria de Dios. Y no solo esto, sino que también nos gloriamos en las tribulaciones, sabiendo que la tribulación produce paciencia; y la paciencia, prueba; y la prueba, esperanza; y la esperanza no avergüenza, porque el amor de Dios ha sido derramado en nuestros corazones por el Espíritu Santo que nos fue dado.*

Porque Cristo, cuando aún éramos débiles, a su tiempo murió por los impíos. Ciertamente, apenas morirá alguno por un justo; con todo, pudiera ser que alguno osará morir por el bueno. Mas Dios muestra su amor para con nosotros, en que, siendo aún pecadores, Cristo murió por nosotros. Pues mucho más, estando ya justificados en su sangre, por él seremos salvos de la ira. Porque si siendo enemigos, fuimos reconciliados con Dios por la muerte de su Hijo, mucho más, estando reconciliados, seremos salvos por su vida. Y no solo esto, sino que también nos gloriamos en Dios por el Señor nuestro Jesucristo, por quien hemos recibido ahora la reconciliación" (Romanos 5:1-11).

La justificación es el acto legal por el cual Dios declara al pecador inocente de sus pecados. Esto no quiere decir que el pecador ya no tenga pecado, sino que se lo declara sin pecado. Esta declaración hace al creyente justificado ante Dios. La justificación no es mérito del hombre, sino de la sangre derramada de Jesús en la cruz.

Romanos 5:9 dice: *"Pues mucho más, estando ya justificados en su sangre, por él seremos salvos de la ira"*.

La justificación consta de la crucifixión, muerte, sepultura y resurrección de Jesucristo.

1 Corintios 15:1-4 dice: *"Además os declaro, hermanos, el evangelio que os he predicado, el cual también recibisteis, en el cual también perseveráis; por el cual, asimismo, si retenéis la palabra que os he predicado, sois salvos, si no creísteis en vano. Porque primeramente os he enseñado lo que asimismo recibí: Que Cristo murió por nuestros pecados, conforme a las Escrituras; y que fue sepultado, y que resucitó al tercer día, conforme a las Escrituras"*.

Cristo murió por nosotros, llevó la culpa de nuestros pecados, es decir, la imputación de nuestros pecados cayeron sobre él cuando estaba en la cruz. Somos declarados rectos, no hechos rectos. No somos así, pero por causa de Cristo, el Padre nos ve rectos. En términos de legalidad, aceptar a Jesucristo como Señor y Salvador es aceptar su sacrificio y su legalidad para acercarnos a Dios. Ser hijos del Padre es el resultado de esta fe en Cristo, lo que también da como resultado que ahora estamos bajo la autoridad absoluta del Señor Jesús.

En *Redes de Reino* entendemos y aceptamos el sacrificio completo de la cruz. El Señor Jesús es quien nos salva mediante su muerte y resurrección. Él lleva nuestras culpas, delitos y pecados. No hay virtud alguna en el hombre que pueda presentarse delante de Dios para hacernos merecedores de tal salvación. Conforme a la palabra de Dios, solamente la fe en Cristo como Señor y Salvador nos convierte en hijos, es decir, recibimos el beneficio de nacer de nuevo, y esto entiéndase en términos espirituales y no naturales.

La cruz, el proceso de la salvación, nos provee de tres beneficios implícitos en el nuevo pacto: Redención, que nos hace libres de la esclavitud del pecado; Remisión, que es el pago de la deuda; y Restitución, que nos devuelve los derechos de hijos.

LAS 4 FASES DE LA SALVACIÓN

Cristo tenía que tomar forma humana.

Así también nosotros, cuando éramos niños, estábamos en esclavitud bajo los rudimentos del mundo. Pero cuando vino el cumplimiento del tiempo, Dios envió a su Hijo, nacido de mujer y nacido bajo la ley, para que redimiese a los que estaban bajo la ley, a fin de que recibiésemos la adopción de hijos. (Gálatas 4:3-5).

Porque convenía a aquel por cuya causa son todas las cosas, y por quien todas las cosas subsisten, que, habiendo de llevar muchos hijos a la gloria, perfeccionase por aflicciones al autor de la salvación de ellos. Porque el que santifica y los que son santificados, de uno son todos; por lo cual no se avergüenza de llamarlos hermanos, diciendo: Anunciaré a mis hermanos tu nombre, En medio de la congregación te alabaré.

Y otra vez: Yo confiaré en él. Y de nuevo: He aquí, yo y los hijos que Dios me dio. Así que, por cuanto los hijos participaron de carne y sangre, él también participó de lo mismo, para destruir por medio de la muerte al que tenía el imperio de la muerte, esto es, al diablo, y librar a todos los que por el temor de la muerte estaban durante toda la vida sujetos a servidumbre. Porque ciertamente no socorrió a los ángeles, sino que socorrió a la descendencia de Abraham. Por lo cual debía ser en todo semejante a sus hermanos, para venir a ser misericordioso y fiel sumo sacerdote en lo que a Dios se refiere, para expiar los pecados del pueblo. Pues en cuanto él mismo padeció siendo tentado, es poderoso para socorrer a los que son tentados.* (Hebreos 2:10-18).

Fue necesario que fuera humano para redimir a la humanidad. Cristo Jesús fue perfecto y calificó para la redención.

Cristo pagó en un solo pago el total del precio de la redención. (1 Pedro 1:18-19) *Sabiendo que fuisteis rescatados de vuestra vana manera de vivir, la cual recibisteis de vuestros padres, no con cosas corruptibles, como oro o plata, sino con la sangre preciosa de Cristo, como de un cordero sin mancha y sin contaminación. Fue el precio de su sangre y no hay más sacrificio, la cruz fue suficiente.*

Cristo tenía el poder de redimirnos. (Juan 10:17-18) *Por eso me ama el Padre, porque yo pongo mi vida, para volverla a tomar. Nadie me la quita, sino que yo de mí mismo la pongo. Tengo poder para ponerla, y tengo poder para volverla a tomar. Este mandamiento recibí de mi Padre.*

Cristo fue muerto en nuestro lugar: muerte de sustitución. (Isaías 53:2) *Subirá cual renuevo delante* *de él, y como raíz de tierra seca; no hay parecer en él, ni hermosura; le veremos, más sin atractivo para que le deseemos.*

(2 Corintios 5:21) Al que no conoció pecado, por nosotros lo hizo pecado, para que nosotros fuésemos hechos justicia de Dios en él.

(Juan 1:29) El siguiente día vio Juan a Jesús que venía a él, y dijo: He aquí el Cordero de Dios, que quita el pecado del mundo.

(Hebreos 9:27 y 28) Y de la manera que está establecido para los hombres que mueran una sola vez, y después de esto el juicio, así también Cristo fue ofrecido una sola vez para llevar los pecados de muchos; y aparecerá por segunda vez, sin relación con el pecado, para salvar a los que le esperan.

Leer Hebreos 9.

La única esperanza que el hombre tiene para la redención es por medio de la sangre derramada de Jesucristo, el único Hijo de Dios, el Padre. La salvación se recibe a través del arrepentimiento hacia Dios y la fe en el Señor Jesucristo.

Por medio del lavamiento de la regeneración y la renovación por el Espíritu Santo, y esto por gracia por medio de la fe.

Uno llega a ser heredero de Dios según la esperanza de la vida eterna. La evidencia eterna de la salvación es un testimonio directo del Espíritu Santo, y la prueba externa es el cambio y la transformación de la conducta y la naturaleza del viejo hombre a un hombre nuevo según Cristo. La salvación es un hecho que incluye en sí todos los actos y procesos redentivos: justificación, redención, liberación, imputación, santificación, glorificación. La salvación da a luz una nueva criatura.

De modo que, si alguno está en Cristo, nueva criatura es; las cosas viejas pasaron; he aquí todas son hechas nuevas. (2 Corintios 5:17)

Esta es una realidad en un hijo, los cambios de naturaleza son evidentes, ya que lo viejo quedó atrás y lo nuevo, o sea un corazón nuevo, son los que gobiernan o deberían gobernar. Sin salvación, es imposible el nuevo hombre.

El nuevo hombre es el resultado de la legalidad de la salvación, vida nueva. La salvación consta de una condición, y esta es la fe,

"Porque por gracia sois salvos por medio de la fe; y esto no de vosotros, pues es don de Dios; no por obras, para que nadie se gloríe." (Efesios 2:8-9).

Nos revela que la gracia que provee la salvación debe ser por medio de la fe. Esto también nos revela que la obra no tiene poder. Entiéndase obra, por ejemplo, el bautismo o las buenas acciones, entre muchas otras.

TRES ETAPAS DE LA SALVACIÓN

• **Pasado**: fuimos salvos.

Siendo justificados gratuitamente por su gracia, mediante la redención que es en Cristo Jesús. (Romanos 3:24)

La justificación (declarados rectos o justos) es una posición.

Romanos 8:30 dice: *"Y a los que predestinó, a éstos*

también llamó; y a los que llamó, a éstos también justificó; y a los que justificó, a éstos también glorificó".

- **Presente**: estamos en el proceso de ser salvos.

Filipenses 2:12 dice: *"Por tanto, amados míos, como siempre habéis obedecido, no como en mi presencia solamente, sino mucho más ahora en mi ausencia, ocupaos en vuestra salvación con temor y temblor"*, es decir, en la santificación.

1 Pedro 1:16 dice: *"Porque escrito está: Sed santos, porque yo soy santo".*

Romanos 12:2 dice: *"No os conforméis a este siglo, sino transformaos por medio de la renovación de vuestro entendimiento, para que comprobéis cuál sea la buena voluntad de Dios, agradable y perfecta".*

2 Pedro 3:18 dice: *"Antes bien, creced en la gracia y el conocimiento de nuestro Señor y Salvador Jesucristo. A él sea gloria ahora y hasta el día de la eternidad. Amén".* Al leer estos versículos, debemos buscar la santidad.

Hebreos 12:14 dice: *"Seguid la paz con todos, y la santidad, sin la cual nadie verá al Señor".*

Filipenses 2:12 y 13 dice: *"Por tanto, amados míos, como siempre habéis obedecido, no como en mi presencia solamente, sino mucho más ahora en mi ausencia, ocupaos en vuestra salvación con temor y temblor, porque Dios es el que en vosotros produce así el querer como el hacer, por su buena voluntad".*

Dejar la práctica del pecado. 2 Corintios 6:14-18 dice: *"No os unáis en yugo desigual con los incrédulos; porque ¿qué compañerismo tiene la justicia con la injusticia? ¿Y qué comunión la luz con las tinieblas? ¿Y qué concordia*

Cristo con Belial? ¿O qué parte el creyente con el incrédulo? ¿Y qué acuerdo hay entre el templo de Dios y los ídolos? Porque vosotros sois el templo del Dios viviente, como Dios dijo: 'Habitaré y andaré entre ellos, Y seré su Dios, Y ellos serán mi pueblo'. Por lo cual, salid de en medio de ellos, y apartaos, dice el Señor, Y no toquéis lo inmundo; Y yo os recibiré, Y seré para vosotros por Padre, Y vosotros me seréis hijos e hijas', dice el Señor Todopoderoso".

Futuro: Vamos a ser salvos.

1 Pedro 1:9 *obteniendo el fin de vuestra fe, que es la salvación de vuestras almas, glorificación.*

Luego de recibir la salvación completa y su dictamen final, es muy importante saber que esta salvación, o sea, este veredicto final que justo por la fe en Cristo Jesús no puede ser revertido. A partir de ese hecho final, no hay manera de que se pierda la salvación. Podemos pecar, seguramente, ya que estamos en un cuerpo caído o naturaleza caída, pero quien es salvo de verdad busca santificarse. La salvación contiene la legalidad de que, a partir de ese instante, podemos tener una relación directa con el Padre. Quien es salvo y justificado está en un constante movimiento hacia su propósito, ya que la salvación nos restituye todo.

La vida eterna viene a causa de la justificación, y este acceso a la vida eterna no puede ser invalidado ya que es una legalidad ganada en la cruz.

Juan 10:27-30 dice: *"Mis ovejas oyen mi voz, y yo las conozco, y me siguen, y yo les doy vida eterna; y no perecerán jamás, ni nadie las arrebatará de mi mano. Mi Padre que me las dio, es mayor que todos, y nadie las puede arrebatar de la mano de mi Padre. Yo y el Padre uno somos".*

Quien recibe a Cristo y sigue pecando deliberadamente, evidencia que su arrepentimiento no fue genuino. Quien es salvo está bajo el Gobierno total del Espíritu Santo y es Él quien guía a la santificación. Debe entenderse que quien no cede a tal santificación califica como rebelde. La salvación produce la regeneración del hombre y esto involucra la mente y el corazón, ambos necesitan ser regenerados. La renovación de la mente es parte esencial de la santificación, es en la mente donde cambia la cultura. El corazón es a base de confesión y arrepentimiento, pero la mente es bajo la Palabra. Quien no lee la Palabra no podrá cambiar el corazón ni la mente.

Los parámetros de santificación están establecidos por Dios y son conforme al corazón de Dios. O sea, la santidad es buscar agradarle a Él. Quien busca agradar a Dios, dejará todo lo que lo aleja de Él y caminará en servicio constante.

1 Pedro 1:2 dice: *"elegidos según la presciencia de Dios Padre en santificación del Espíritu, para obedecer y ser rociados con la sangre de Jesucristo: Gracia y paz os sean multiplicadas".*

El Espíritu Santo tiene por misión guiarnos en todo lo que sea servicio, porque Él mismo está trabajando en favor de la salvación del hombre. Usted tiene la responsabilidad de que otros accedan a la salvación. El egoísmo y la rebeldía no permiten que el Espíritu Santo nos guíe para llevar salvación a otros, solo lo buscamos para beneficios propios. La santificación es el proceso de la salvación donde Dios, ahora que somos hijos legales, nos hace semejantes a Él, o sea, santos como Él es Santo. Podemos decir que nos prepara para vivir la eternidad con Él. También podemos decir que la santificación nos provee de conocimiento, ya que solo menguando por medio de la honra podremos recibir la revelación de la santidad en la mente.

La santidad debe ser buscada y preservada. Hebreos 12:14 dice: *"Seguid la paz con todos, y la santidad, sin la cual nadie verá al Señor"*.

Filipenses 2:13 dice: *"porque Dios es el que en vosotros produce así el querer como el hacer, por su buena voluntad"*. Y 13: *"nadie es santo por la sola fe, porque es necesario una fe acompañada de obras"*.

TRES PASOS QUE NOS GUÍAN A LA SANTIDAD

• 2 Corintios 6:14-18: *No os unáis en yugo desigual con los incrédulos; porque ¿qué compañerismo tiene la justicia con la injusticia? ¿Y qué comunión la luz con las tinieblas? ¿Y qué concordia Cristo con Belial? ¿O qué parte el creyente con el incrédulo? ¿Y qué acuerdo hay entre el templo de Dios y los ídolos? Porque vosotros sois el templo del Dios viviente, como Dios dijo: Habitaré y andaré entre ellos, y seré su Dios, y ellos serán mi pueblo. Por lo cual, Salid de en medio de ellos, y apartaos, dice el Señor, y no toquéis lo inmundo; y yo os recibiré, y seré para vosotros por Padre, y vosotros me seréis hijos e hijas, dice el Señor Todopoderoso.*

Alejarnos de las prácticas del pecado es una decisión personal como resultado de la salvación. Es una orden implícita en amar a Dios por encima de todo. Quien ama a Dios no ama al mundo ni practica lo del mundo. Alejarnos del pecado para que las personas se acerquen a Dios o, por el contrario, se alejarán de nosotros. La santidad no se negocia para que otros sean salvos. Es decir, yo no debo ser igual a ellos para que crean en Dios.

- Efesios 5:18: *No os embriaguéis con vino, en lo cual hay disolución; antes bien sed llenos del Espíritu.*

Debemos ser llenos o controlados por el Espíritu Santo. En *RDR* enseñamos que la palabra más acertada es ser gobernados, ya que el Espíritu Santo nos guía como un Gobierno y no como a un títere. Es posible desobedecer al Espíritu Santo, lo cual tendrá sus consecuencias.

- Hebreos 2:4: *Testificando Dios juntamente con ellos, con señales y prodigios y diversos milagros y repartimientos del Espíritu Santo según su voluntad.*

- Hebreos 10:24-25: *Y considerémonos unos a otros para estimularnos al amor y a las buenas obras; no dejando de congregarnos, como algunos tienen por costumbre, sino exhortándonos; y tanto más, cuanto veis que aquel día se acerca.*

- 1 Juan 1:3: *Lo que hemos visto y oído, eso os anunciamos, para que también vosotros tengáis comunión con nosotros, y nuestra comunión verdaderamente es con el Padre y con su Hijo Jesucristo.*

Aquí vemos que el proceso de santificación conlleva convivencia. Es en el seno familiar donde afilan detalles. Allí nos conocemos, aprendemos, compartimos y podemos crecer y fluir en dones.

- Juan 17:17: *Santifícalos en tu verdad; tu palabra es verdad.*

- Filipenses 1:6: *He manifestado tu nombre a los hombres que del mundo me diste; tuyos eran, y me los diste, y han guardado tu palabra.*

- 1 Juan 3: 1-2: *Mirad cuál amor nos ha dado el Padre, para que seamos llamados hijos de Dios; por esto el mundo no nos conoce, porque no le conoció a él. Amados, ahora somos hijos de Dios, y aún no se ha manifestado lo que hemos de ser; pero sabemos que cuando él se manifieste, seremos semejantes a él, porque le veremos tal como él es.*

La Palabra de Dios tiene poder para transformarnos. Ella cumple un papel fundamental en la santidad, ya que en la Palabra de Dios está el poder de limpiarnos, o podemos decir santificarnos. En el Reino, es la legalidad para ser santificados.

GLORIFICACIÓN

Esta es la parte futura del creyente. Aquí radica la totalidad de nuestra esperanza, porque todo lo que vivimos en la tierra será resumido en la glorificación.

Judas 24 dice: *"Y a aquel que es poderoso para guardaros sin caída, y presentaros sin mancha delante de su gloria con gran alegría"*.

La definición técnica de la glorificación es nuestro estado final cuando nosotros, en nuestro cuerpo resucitado, vamos a ser hechos como Cristo y viviremos con Él por la eternidad.

Si hablamos de eternidad, es aquí donde comienza.

1 Tesalonicenses 5:23 dice: *"Y el mismo Dios de paz os santifique por completo; y todo vuestro ser, espíritu,*

alma y cuerpo, sea guardado irreprensible para la venida de nuestro Señor Jesucristo".

Aquí es la segunda venida de Cristo y nuestro cuerpo resucitado tendrá la siguiente característica: vamos a tener un cuerpo real, con carne y hueso, como el que Cristo tenía después de su resurrección. Será un cuerpo que podrá ser tocado y visto, no algo espiritual.

Lucas 24: 39 - 43 dice: *"Mirad mis manos y mis pies, que yo mismo soy; palpad, y ved; porque un espíritu no tiene carne ni huesos, como veis que yo tengo. Y diciendo esto, les mostró las manos y los pies. Y como todavía ellos, de gozo, no lo creían, y estaban maravillados, les dijo: ¿Tenéis aquí algo de comer? Entonces le dieron parte de un pez asado, y un panal de miel. Y él lo tomó, y comió delante de ellos."*

CAPÍTULO 5

EL MUNDO, EL SISTEMA Y QUIEN LO GOBIERNA

El mundo es el universo, el cosmos. La Tierra es el globo terráqueo, pero el mundo se refiere al sistema y a quien lo gobierna.

La definición del mundo según el mundo es el conjunto de todas las cosas que existen. La palabra "mundo" proviene del latín "mundus", que significa limpio y elegante, y deriva del griego "cosmos", que significa perfección o conjunto ordenado.

El cosmos, el universo y el mundo se refieren al conjunto íntegro que se mueve en el espacio y en el tiempo, es decir, en el cronos.

Por tanto, el mundo habla de todo lo que existe como materia, mientras que el universo se refiere a la energía y al tiempo.

MUNDO, CONCEPTO DE REINO

Es el sistema de gobierno en el que los hijos de Dios viven. Cosmogonía es la definición que se le da a la creación del cielo y la tierra. Podemos decir que es una voz que ordena lo material (Génesis 1).

Antropogonía es la definición que recibe la formación del hombre: macho y hembra. Podemos decir que Génesis 1 relata la cosmogonía y la antropogonía como un inicio del sistema de gobierno. La tierra y los cielos definen la creación. Las órdenes y reglas que recibieron Adán y Eva definen el sistema de gobierno del Reino llamado mundo, o sea, antes del pecado.

Por causa del pecado, este mundo cae en manos de Satanás, es decir, el sistema de gobierno o reinos ahora le pertenecen a Satanás. El mundo antes del pecado era perfecto, ya que era el diseño que replica el Reino de los Cielos. Adán y Eva recibieron el dominio, la legalidad para ejercer gobierno en el sistema perfecto.

Génesis 1:28 dice: *"Y los bendijo Dios, y les dijo: Fructificad y multiplicaos; llenad la tierra, y sojuzgadla, y señoread en los peces del mar, en las aves de los cielos, y en todas las bestias que se mueven sobre la tierra".*

Cabe mencionar que la tierra está sujeta a la orden original del sistema de gobierno, o sea, mundo. El problema es que, por causa del pecado, la tierra fue afectada y ahora gime por la manifestación de los hijos. El pecado del hombre y su mundo afectaron la tierra que aún está bajo la orden original. Jamás la tierra se reveló a Dios, el creador.

Debemos diferenciar entre tierra y mundo, ya que habitamos en la tierra, pero no somos de este mundo.

Job 34:13 dice: *"¿Quién visitó por él la tierra? ¿Y quién puso en orden todo el mundo?"*

Podemos decir que Dios amó al mundo, al sistema de gobierno original. Ya que este mundo carga el diseño original nacido en el corazón de Dios, este mundo representa el Reino de los Cielos y su naturaleza de soberanía. Los hijos habitantes del mundo o sistema de Gobierno del Cielo tienen el diseño de adoración continua y legal que agrada al padre.

Juan 3:16 dice: "*Porque de tal manera amó Dios al mundo, que ha dado a su Hijo unigénito, para que todo aquel que en él cree, no se pierda, más tenga vida eterna*", lo que nos revela que Dios amó al hombre que está en este sistema para que no se pierda.

Una referencia de mundo en el Reino es país. El mundo en su diseño original es un país. Después del pecado, el país fue separado y cambió de gobierno en que se define como un nuevo sistema de gobierno donde Satanás es quien está al mando.

Este mundo o país trae su propio lenguaje, cultura y economía, donde el dinero es un ídolo. En este mundo donde Satanás es cabeza, o podemos decir padre, todo este sistema mundano carga la esencia del diablo.

El Señor Jesús vino a salvar a las personas de la condena de este mundo. Los moradores de este mundo ya están condenados, pero quienes por la fe deciden ser ciudadanos del país que está en el Cielo, llamado el Reino de los Cielos, serán salvos de tal juicio.

Salmos 24:1 dice: "*De Jehová es la tierra y su plenitud; El mundo, y los que en él habitan*", lo que significa que todo le pertenece a Dios y por eso lo juzgará.

Isaías 18:3 dice: "*Vosotros, todos los moradores del mundo y habitantes de la tierra, cuando se levante bandera en los montes, mirad; y cuando se toque trompeta, escuchad*".

Lo que nos muestra la diferencia que hay entre los

moradores del mundo y los habitantes de la tierra.

Aquí podemos ver que no todos los habitantes de la tierra moran en el mundo.

Nosotros no somos de este mundo.

2 Pedro 2:20 dice: *"Ciertamente, si habiéndose ellos escapado de las contaminaciones del mundo, por el conocimiento del Señor y Salvador Jesucristo, enredándose otra vez en ellas son vencidos, su postrer estado viene a ser peor que el primero"*, lo que significa que el mundo contamina.

Santiago 4:4 dice: *"¡Oh almas adúlteras! ¿No sabéis que la amistad del mundo es enemistad contra Dios? Cualquiera, pues, que quiera ser amigo del mundo, se constituye enemigo de Dios"*, lo que nos muestra que somos enemigos de Dios si somos amigos del mundo.

Juan 16:33 dice: *"Estas cosas os he hablado para que en mí tengáis paz. En el mundo tendréis aflicción; pero confiad, yo he vencido al mundo"*, lo que significa que tenemos aflicciones en este mundo, pero podemos confiar en que Jesús ha vencido al mundo y sus aflicciones.

CAPÍTULO 6

EL REINO, GOBIERNO Y DISEÑO

Esta será tal vez la columna más relevante para este tiempo: el Reino de los Cielos y su diseño nos da la identidad de quienes somos aquí en la tierra.

Somos ciudadanos del Reino de los Cielos. Para entender mejor, debemos saber qué es un Reino. Para que exista un reino, debe primero existir un rey, y es el rey quien le da poder al reino. Es por esto que la muerte del rey hace nulo el reino.

La palabra "rey" viene del latín "rex, Regis". Esto es tener derecho legal de gobernar. No es un gobernador, sino que tiene poder monárquico supremo y hereditario. Un reino tiene territorio, poder y una organización política. Esta organización política está sujeta a la autoridad del rey de manera absoluta.

Debemos entender que en el Reino de los Cielos no existe la democracia, ya que este sistema de gobierno democrático está en contra de un sistema de reino.

La democracia es el sistema de gobierno más diabólico, ya que saca la autoridad del rey y la toma el pueblo. "Democracia" proviene de la palabra "Isegoria", que tiene como definición "voz pandémica". No es un detalle menor que en la definición se marque la palabra "voz". Todo gobierno se ejerce por medio de la voz. Dios gobierna por la voz, su Palabra audible y escrita.

En la democracia, es la voz del pueblo y si el pueblo recibe poder, entonces estamos a merced de lo que el pueblo porta. Recibimos de quien nos gobierna. Si estamos en el Reino de los Cielos, entonces recibimos de la Voz del Rey Jesucristo. Es el Rey de Reyes.

Una familia donde todos tienen voz y voto está ejerciendo democracia, y el diseño es que una familia replique el Reino de los Cielos, en orden y diseño. También es muy importante aceptar el diseño del Reino de los Cielos.

Aceptar a Jesucristo como Señor es aceptar su Reino como forma de gobierno. Si aceptamos este Reino como nuestro gobierno, entonces perdemos todos los derechos. El Señor Jesús es claro: Él dice que el que no deja padre, madre, hijos, esposa y su propia vida no puede ser su discípulo. Es claro que aquí es donde se pierden los derechos de todo.

Repasando: existe un Reino porque existe un Rey. Entonces, podemos decir que si el Señor Jesús no es nuestro Rey, estamos fuera del Reino, aunque estemos dentro de la iglesia. Todo reino se compone de leyes, estatutos y decretos. En el Reino de los Cielos, todo esto está en la Biblia.

Por lo tanto, no saber la Biblia nos deja fuera del sistema del Reino. No sabremos qué y cómo caminar dentro del mismo.

Uno de los conceptos dentro del diseño del Reino de

los Cielos es la familia. Este diseño hace a Dios Padre y a nosotros hijos.

Esta legalidad radica dentro del diseño del Reino de los Cielos. Podemos decir que recibir al Rey nos hace hijos del Padre. Todos los hijos son ciudadanos del Reino de los Cielos.

En el Reino de los Cielos, tenemos sistemas:

1. Sistema de salud.
2. Sistema económico.
3. Sistema de seguridad.
4. Sistema de autoridades.

Los principales principios del Reino de los Cielos, según Mateo 7:21, son:

1. Gobierno.
2. Autoridad.
3. Sujeción.
4. Obediencia.
5. Honra.

¿Dónde está el Reino de los Cielos? Lógicamente, está en los cielos y la tierra es su colonia.

El territorio del Reino de los Cielos no es un espacio geográfico, sino que está en cada hijo, ya que somos embajadores del Reino de los Cielos. Un embajador no es un empleado del Reino de los Cielos, sino que él es del Reino de los Cielos. Básicamente, podemos decir que somos los representantes de tal Reino.

Es muy importante marcar que el Espíritu Santo es la

persona que nos hace tales embajadores.

Como embajadores, no recibimos un salario, sino que el Reino sostiene su embajada y a su embajador. Todo, absolutamente todo, es solventado por el Reino de los Cielos.

Todo hijo tiene la gran demanda de buscar primero el Reino y Su Justicia, repito, Su Justicia. La Justicia del Reino de los Cielos está determinada por la boca del Rey. Él es quien dictamina quién sí y quién no. Sólo el Señor Jesucristo es quien dictamina una orden de condena o de recompensa.

Todo rey tiene su trono. Aquí debe entenderse que el trono lo recibe quien es digno. Ser digno del trono es un requisito. El Señor Jesucristo venció y por lo tanto, es digno de toda honra y de toda gloria por los siglos de los siglos. No habrá nadie más.

El trono representa el poder de gobernar.

Esteban vio al que está sentado en el trono.

CAPÍTULO 7

DIOS SOBERANO

Antes de hablar sobre la soberanía, debemos establecer la base de que todo está bajo el gobierno soberano del Padre, no es democracia.

DEFINICIÓN DE SOBERANÍA

En su etimología, la palabra soberanía proviene de la voz latina "*super omnia*" que significa "*sobre todo*" o "*poder supremo*". También tiene como sinónimo la palabra latina "principatus" que proviene de la voz latina "primus inter pares" que significa "primero entre pares" o "principal".

Significado bíblico: que ejerce o posee la autoridad suprema e independiente.

Sinónimos: dominio, imperio, señorío, autoridad, poder, poderío.

La primera reacción ante esta palabra nos indica que el hombre está bajo el gobierno soberano de Dios, y que no hay manera de que el hombre pueda manipular a Dios, Él es el dueño de todo.

Dios creó el mundo y lo gobierna de manera soberana.

La soberanía se aplica sobre un territorio, siempre que hay soberanía debe haber un territorio. El Padre creó el mundo para ser su soberano. La persona del Padre posee el atributo de soberano, omnipotente y omnisciente. La soberanía se mueve por medio del poder. El poder ejecuta la soberanía de Dios. El Padre, por su naturaleza, tiene la legalidad.

En el Nuevo Testamento, Cristo es el soberano. Él es quien venció y, por ser el poseedor del mundo, es el soberano. Aunque el mundo hoy está bajo el gobierno de Satanás por un tiempo, vendrá el día en que el soberano tomará todo y someterá a Satanás. A partir de ese momento, la soberanía de Cristo, por medio del Reino, será total.

Hoy en la tierra, Cristo gobierna por medio de nosotros. Somos su territorio, es por esto que, por medio de los hijos, el Reino gobierna sobre la tierra.

Vienen mil años donde Cristo gobernará soberanamente sobre la tierra.

Por medio del poder del Espíritu Santo se manifiesta la soberanía de Cristo.

Mientras más de nosotros nos rendimos al Espíritu Santo, mayor es su soberanía. La dimensión del territorio es completa, o sea, debemos morir a la carne para que el Espíritu Santo nos llene, nos gobierne conforme a la soberanía de Cristo y del Padre.

Apocalipsis 4:11 dice: "*Señor, digno eres de recibir la gloria y la honra y el poder; porque tú creaste todas las cosas, y por tu voluntad existen y fueron creadas*".

Allí se manifiesta la voluntad soberana de Dios creador de todo. Recordemos que la soberanía es aplicable sobre un territorio. La paternidad es el diseño del gobierno territorial, es decir, un padre posee el diseño para ejercer soberanía en la familia. La salvedad está en que esa virtud solo es posible estando bajo la autoridad de Cristo.

Hechos 4:24 dice: *"Y ellos, habiéndolo oído, alzaron unánimes la voz a Dios, y dijeron: Soberano Señor, tú eres el Dios que hiciste el cielo y la tierra, el mar y todo lo que en ellos hay"*.

Reconocer la Soberanía de Dios después de la tribulación.

1 Timoteo 6:15 dice: *"la cual a su tiempo mostrará el bienaventurado y solo Soberano, Rey de reyes, y Señor de señores"*.

Jesucristo es Soberano y Rey de reyes. Aquí vemos que la soberanía es posible por la legalidad de ser el Rey, y Rey sobre todo.

Judas 1:4 dice: *"Porque algunos hombres han entrado encubiertamente, los que desde antes habían sido destinados para esta condenación, hombres impíos, que convierten en libertinaje la gracia de nuestro Dios, y niegan a Dios el único soberano, y a nuestro Señor Jesucristo"*. Dios como Soberano.

Apocalipsis 1:5 dice: *"y de Jesucristo el testigo fiel, el primogénito de los muertos, y el soberano de los reyes de la tierra. Al que nos amó, y nos lavó de nuestros pecados con su sangre"*.

Aquí vemos la Soberanía del Señor Jesucristo sobre todo gobierno. La Soberanía de Dios, del Señor Jesucristo y del Espíritu Santo posee la capacidad de cobertura o de condena y represión. Su Soberanía revela mi corazón. Debemos entender que esta Soberanía se ejecuta por medio del Gobierno y de sus principios. Podemos ver que los principios tienen tal poder a causa de la Soberanía de

Dios. Si Dios no fuera Soberano, entonces sus principios carecerían de efectividad. No es dato menor que la Soberanía de Jesucristo también es en los Cielos, la tierra y debajo de la tierra.

Las potestades, los principados y las huestes deben sujetarse al único y Soberano Dios y al Señor Jesucristo.

Por último, la Soberanía del Señor Jesucristo es en todo nuestro ser, y hoy debemos rendirnos. Quien no está bajo la Soberanía del Señor Jesús, entonces está en rebeldía. La rebeldía es satánica.

LA SOBERANÍA ES CULTURA

Los hijos de Dios aceptamos su soberanía sobre nuestras vidas y esto rompe nuestro carácter e independencia. Esto puede producir un gran impacto emocional, ya que el alma debe ser sometida a la voluntad de Dios.

Pero el mayor desafío es que esa soberanía sea mi cultura. Que sea aquí donde mi mente sea sometida a su soberanía de manera voluntaria. Es aceptar que vivirás la cultura de Dios y no la tuya. Tu cultura es Su soberanía.

No podemos vivir bajo la soberanía de Dios sin conocer a Dios y a su diseño. Cuanto más conozca de Dios, mayor sumisión habrá a su soberanía.

La sumisión es mi bendición. Cuando yo decido ser sumiso, entonces Dios es mi soberano y es en su soberanía donde está mi cobertura.

CAPÍTULO 8

LA MAJESTAD DE DIOS

Cualidad de grande: la Majestad de Dios. Es sublime e infunde admiración y respeto. La Majestad de Dios revela su grandeza.

Podemos decir que todo lo que Dios hace es majestuoso. Si hubiera un mínimo en Dios, eso sería lo suficientemente majestuoso.

Job 40:10 dice: *"Adórnate ahora de majestad y de alteza, y vístete de honra y de hermosura"*.

Aquí vemos que la Majestad de Dios es visible y cumple una función muy específica.

Isaías 2:10 dice: *"Métete en la peña, escóndete en el polvo, de la presencia temible de Jehová, y del resplandor de su majestad"*.

Lo imponente de su majestad. La presencia de Dios carga toda su majestad. La Majestad de Dios se hace visible por su resplandor. Cuando vemos Su Majestad, también estamos percibiendo Su Presencia. La Majestad de Dios no es su Presencia, ni su Gloria, ni su Poder. La Majestad de Dios es única y evidencia lo que la Gloria no. La Gloria muestra el Poder y hasta dónde, pero la Majestad muestra la calidad. La Majestad de Dios revela la naturaleza de Dios.

CAPÍTULO 9

LA GLORIA DE DIOS

Todo reino y todo rey manifiestan su gloria. Algunas acepciones de gloria son: *reputación, esplendor, juicio* y *honor*. Estas acepciones nos dan una pequeña pauta de que el Reino de los Cielos siempre manifestará su gloria conforme a quien está en el trono, la gloria de Dios. La manifestación de la Gloria de Dios es una de las maneras que Dios tiene de demostrar aprobación, agrado, orden, juicio y respaldo. La gloria y el trono son legalidad, autoridad, gobierno y poder.

Salmos 96:7 dice: *"Tributad a Jehová, oh familias de los pueblos, Dad a Jehová la gloria y el poder"*.

Dar la Gloria a Dios es reconocimiento de quién es Él, darle la Gloria al Rey es sometimiento. Nadie que no reconozca a Dios como soberano puede darle la Gloria. Si no le das la Gloria a Dios, entonces se la das a otro y te la atribuyes a ti mismo, y eso es pecado.

Hebreos 12:28 dice: *"Así que, recibiendo nosotros un reino inconmovible, tengamos gratitud, y mediante ella sirvamos a Dios agradándole con temor y reverencia"*.

El Reino de los Cielos es inconmovible. Hebreos 1:8 dice: "*Mas del Hijo dice: Tu trono, oh Dios, por el siglo del siglo; Cetro de equidad es el cetro de tu reino centro de equidad*". Es un Reino celestial.

2 Timoteo 4:18 dice: "*Y el Señor me librará de toda obra mala, y me preservará para su reino celestial. A él sea gloria por los siglos de los siglos. Amén*".

El Rey juzgará en su Reino según el sistema del Cielo. Allí, nuestras razones y excusas no tendrán valor.

1 Tesalonicenses 2:12 dice: "*Os encargábamos que anduvieseis como es digno de Dios, que os llamó a su reino y gloria*". Somos llamados a su Reino.

Colosenses 1:13 dice: "*El cual nos ha librado de la potestad de las tinieblas, y trasladado al reino de su amado Hijo*". Somos trasladados.

1 Corintios 15:50 :*Y somos hallados falsos testigos de Dios, porque hemos testificado de Dios que Él resucitó a Cristo, al cual no resucitó, si en verdad los muertos no resucitan.* La carne y la sangre no heredan el Reino.

1 Corintios 4:20: *Porque el Reino de Dios no consiste en palabras, sino en poder.* El Reino de Dios no consiste en palabras (filosofías, argumentos, ideologías, etc.), sino en poder.

Romanos 14:17: *Porque el Reino de Dios no es comida ni bebida, sino justicia, paz y gozo en el Espíritu Santo.*

Podemos hablar mucho más del Reino de los Cielos, pero es importante saber que lo descubrimos a medida que nos sometemos más al Espíritu Santo. Es Él quien nos guía a toda verdad. Su Palabra es la manera de saber caminar dentro del Reino. Aplicar sus principios nos permite transitar legales y bendecidos en el Reino de los Cielos. Hoy es el día de aceptar este Reino como nuestro sistema de Gobierno, a su Rey Jesucristo como nuestra autoridad máxima, a Su Palabra como la ley o voz con mayor autoridad y a la dependencia del Espíritu Santo como relación directa.

CAPÍTULO 10

PODER DE DIOS - OMNIPOTENTE

OMNIPOTENTE

Este atributo es el nivel de su amor y justicia. Debemos entender que no es cantidad de fuerza, sino que nos muestra a Dios como el único e inagotable en poder.

PODER

1. Poder de fuerza y potencia es infinito e ilimitado.

2. Poder legal para que todo sea posible.

Para entender el total poder de Dios, debemos entender poder: es la facultad de tener y ejercer lo que desee. En Dios, sumamos su soberanía que habla de legalidad sobre una persona o un territorio.

También debemos entender que, aunque Dios es todopoderoso, Él está limitado por su naturaleza, o sea, su amor, su justicia, etc. Un ejemplo es aprobar el pecado. Porque Dios es tan fuerte como legal. Es una especie de dominio propio.

Jeremías 32:17 dice: "*¡Oh Señor Jehová! He aquí que tú hiciste el cielo y la tierra con tu gran poder, y con tu brazo extendido, ni hay nada que sea difícil para tí*". Nada carga dificultad suficiente que Dios no pueda controlar.

Mateo 19:26 dice: "*Y mirándolos Jesús, les dijo: Para los hombres esto es imposible; más para Dios todo es posible*". Todo es posible.

Apocalipsis 19:6 dice: "*Y oí como la voz de una gran multitud, como el estruendo de muchas aguas, y como la voz de grandes truenos, que decía: ¡Aleluya, porque el Señor nuestro Dios Todopoderoso reina!*". Aquí vemos por qué el Espíritu Santo nos empodera, ya que gobernar requiere poder.

El poder de Dios le dio un título: El Shaddai habla de un Dios que nutre. Casi podemos decir como cuando la mamá le da pecho a su hijo, es la idea, ya que el título así lo refiere. El sufijo "El" indica su poder. (Shaddai indica montaña o pecho que nutre o suple).

El Shaddai: Génesis 17:1-8: *Era Abram de edad de noventa y nueve años, cuando le apareció Jehová y le dijo: "Yo soy el Dios Todopoderoso; anda delante de mí y sé perfecto."*

Y pondré mi pacto entre mí y ti, y te multiplicaré en gran manera.

Entonces Abram se postró sobre su rostro, y Dios habló con él, diciendo:

"He aquí mi pacto es contigo, y serás padre de muchedumbre de gentes.

Y no se llamará más tu nombre Abram, sino que será tu nombre Abraham, porque te he puesto por padre de muchedumbre de gentes.

Y te multiplicaré en gran manera, y haré naciones de ti, y reyes saldrán de ti.

Y estableceré mi pacto entre mí y ti, y tu descendencia después de ti en sus generaciones, por pacto perpetuo, para ser tu Dios, y el de tu descendencia después de ti.

Y te daré a ti, y a tu descendencia después de ti, la tierra en que moras, toda la tierra de Canaán en heredad perpetua; y seré el Dios de ellos."

Dios es El Todopoderoso, de tal manera que hace un pacto con Abraham. El Poder de Dios le permite pactar y prometer sin dudas a que se cumpla, porque su pacto y promesa no están en términos del hombre sino en Su Poder, Su Conocimiento y Su Omnipresencia. También podemos decir que la definición de El Shaddai es el todo suficiente.

Génesis 48:3 dice: *"y dijo a José: El Dios Omnipotente me apareció en Luz en la tierra de Canaán, y me bendijo"*. La misma promesa por Él mismo, poderoso.

El Shaddai también se le mostró a Israel. El mismo Dios y la misma promesa. La promesa a Abraham, a Isaac y a Israel está bajo el título El Shaddai.

CAPÍTULO 11
DIOS OMNIPRESENTE

LA PRESENCIA DE DIOS

La presencia de Dios es conocida en hebreo como la Shekinah, que significa presencia, pero también puede referirse a morada o residencia. Podemos decir que la Gloria es la presencia atmosférica de la persona de Dios. La Gloria de Dios revelada es una decisión divina y soberana.

Existen dos tipos de Gloria: la Gloria Shekinah, que es la Gloria que revela su Presencia, y la Gloria kabod, que es el peso de Dios. Un hombre o una mujer de Dios pueden cargar el peso de Dios en su voz, porque Dios unge la voz de aquellos a quienes Él llama. En la Gloria de Dios existe la plenitud de gozo, riqueza, paz, sanidad, milagros, señales y maravillas.

En la Presencia de Dios existe todo Su Gobierno, allí está la Autoridad y el Gobierno. En la presencia está la voluntad soberana. Siempre que hay gobierno y legalidad hay gloria.

En Éxodo vemos las manifestaciones de la Gloria de

Dios. El motivo era que el pueblo reconociera que Dios mismo estaba entre ellos, y también era un choque a la incredulidad. El punto de la Gloria era necesario porque Israel era incrédulo e idólatra.

La Gloria de Dios rompía la cultura heredada de Egipto.

Éxodo 24:17: "*Y la apariencia de la gloria de Jehová era como un fuego abrasador en la cumbre del monte, a los ojos de los hijos de Israel.*"

Nos revela que la apariencia de la Gloria de Jehová, un fuego abrazador, es la manera en que Dios se muestra al entendimiento del hombre.

Éxodo 29:38-46: "*Esto es lo que ofrecerás sobre el altar: dos corderos de un año cada día, continuamente. Ofrecerás uno de los corderos por la mañana, y el otro cordero ofrecerás a la caída de la tarde. Además, con cada cordero una décima parte de un efa de flor de harina amasada con la cuarta parte de un hin de aceite de olivas machacadas; y para la libación, la cuarta parte de un hin de vino. Y ofrecerás el otro cordero a la caída de la tarde, haciendo conforme a la ofrenda de la mañana, y conforme a su libación, en olor grato; ofrenda encendida a Jehová. Esto será el holocausto continuo por vuestras generaciones, a la puerta del tabernáculo de reunión, delante de Jehová, en el cual me reuniré con vosotros, para hablaros allí. Allí me reuniré con los hijos de Israel; y el lugar será santificado con mi gloria. Y santificaré el tabernáculo de reunión y el altar; santificaré asimismo a Aarón y a sus hijos, para que sean mis sacerdotes. Y habitaré entre los hijos de Israel, y seré su Dios. Y conocerán que yo soy Jehová su Dios, que los saqué de la tierra de Egipto, para habitar en medio de ellos. Yo Jehová su Dios.*" La Gloria de Dios santifica. Dios busca un lugar donde manifestar su Gloria para santificarnos. Hoy en día, nuestro corazón es el tabernáculo de reunión.

Éxodo 40:33-38: *"Finalmente erigió el atrio alrededor del tabernáculo y del altar, y puso la cortina a la entrada del atrio. Así acabó Moisés la obra. Entonces una nube cubrió el tabernáculo de reunión, y la gloria de Jehová llenó el tabernáculo. Y no podía Moisés entrar en el tabernáculo de reunión, porque la nube estaba sobre él, y la gloria de Jehová lo llenaba. Y cuando la nube se alzaba del tabernáculo, los hijos de Israel se movían en todas sus jornadas; pero si la nube no se alzaba, no se movían hasta el día en que ella se alzaba. Porque la nube de Jehová estaba de día sobre el tabernáculo, y el fuego estaba de noche sobre él, a vista de toda la casa de Israel, en todas sus jornadas."*

La Gloria de Dios llena de tal manera que no se podía entrar al tabernáculo de reunión. La Gloria produjo señales de guía, como la nube y la columna de fuego, lo que guía a los hijos. La Gloria las provee.

Levítico 9:6 - *"Entonces Moisés dijo: Esto es lo que mandó Jehová; hacedlo, y la gloria de Jehová se os aparecerá"*.

La obediencia hace que la Gloria de Dios se manifieste.

Números 14:10 - *"Entonces toda la multitud habló de apedrearlos. Pero la gloria de Jehová se mostró en el tabernáculo de reunión a todos los hijos de Israel"*.

La Gloria de Dios confronta la rebeldía, la murmuración y la democracia.

Números 16:42 - *"Y aconteció que cuando se juntó la congregación contra Moisés y Aarón, miraron hacia el tabernáculo de reunión, y he aquí la nube lo había cubierto, y apareció la gloria de Jehová"*.

La Gloria de Dios protege a Moisés y a Aarón.

Números 20:6 - *"Y se fueron Moisés y Aarón de delante de la congregación a la puerta del tabernáculo de reunión, y se postraron sobre sus rostros; y la gloria de Jehová apareció sobre ellos"*.

La Gloria aparece en la humildad y la humillación, en el reconocimiento de la Autoridad de Dios.

1 Reyes 8:11 - *"Y los sacerdotes no pudieron permanecer para ministrar por causa de la nube; porque la gloria de Jehová había llenado la casa de Jehová"*.

Cuando la Gloria llena todo, el hombre deja de tener el control. No es posible que el sacerdote tenga autoridad cuando la Gloria de Dios llena la casa.

CAPÍTULO 12

DIOS OMNISCIENTE - OMNISAPIENTE

LOS OMNIS DE DIOS

La anteposición "omni" indica total o todo. Son atributos exclusivos de Dios, que solo existen en el Padre, en el Hijo y en el Espíritu Santo. Estos atributos son tres: Omnisciente, Omnipotente y Omnipresente.

OMNISCIENTE

Dios lo sabe todo y lo conoce todo. En esta definición debemos entender que no se refiere a que conoce o sabe todo lo que ha sido creado o del conocimiento de las cosas que una persona puede comprender. No es un coeficiente alto, sino más bien un saber y un conocer de todo en su naturaleza divina.

No se trata de que Él sea el que más conoce, sino que todo el conocimiento está en Él. De Él sale y en Él está el saber. No hay nada fuera de Él que pueda desconocer.

¿Qué dice la Biblia?

* Salmos 73:11 dice: "*Y dicen: ¿Cómo sabe Dios? ¿Y hay conocimiento en el Altísimo?*" La dimensión

del conocimiento siempre nos deja en la incógnita.

- Salmos 139:6 dice: "*Tal conocimiento es demasiado maravilloso para mí; Alto es, no lo puedo comprender.*" Demasiado conocimiento.

- Proverbios 2:5 dice: "*Entonces entenderás el temor de Jehová, Y hallarás el conocimiento de Dios.*" Hallar el conocimiento.

- Proverbios 2:6 dice: "*Porque Jehová da la sabiduría, y de su boca viene el conocimiento y la inteligencia.*" El conocimiento se hace posible para el hombre cuando Dios habla. Si Él habla, entonces el conocimiento y saber están en el Cronos.

- Isaías 11:2 dice: "*Y reposará sobre él el Espíritu de Jehová; espíritu de sabiduría y de inteligencia, espíritu de consejo y de poder, espíritu de conocimiento y de temor de Jehová.*" Espíritu de conocimiento, es uno de los espíritus que solo Dios puede darnos, no es mucho coeficiente sino un saber que excede a lo natural: Revelación.

- Isaías 53:11 dice: "*Verá el fruto de la aflicción de su alma, y quedará satisfecho; por su conocimiento justificará mi siervo justo a muchos, y llevará las iniquidades de ellos.*" Aquí nos muestra al Señor Jesús fungiendo como Dios. Por el conocimiento.

- Salmos 147:5 dice: "*Grande es el Señor nuestro, y de mucho poder; Y su entendimiento es infinito.*" La dimensión de su conocimiento.

- 1 Juan 3:20 dice: "*Pues si nuestro corazón nos reprende, mayor que nuestro corazón es Dios, y él sabe todas las cosas.*" Cuánto sabe Dios.

- Salmos 139:4 dice: "*Pues aún no está la palabra en*

mi lengua, Y he aquí, oh Jehová, tú la sabes toda." Antes que salga de la boca, no hace falta que sea audible para que Dios sepa, pero lo hablamos para establecer la activación de la palabra.

- Salmos 147:4 dice: "*Él cuenta el número de las estrellas; A todas ellas llama por sus nombres.*" Poner nombre a las estrellas habla de su infinito, profundidad. Y otra cosa en el Reino las estrellas tienen nombre.

- Hebreos 4:13 dice: "*Y no hay cosa creada que no sea manifiesta en su presencia; antes bien todas las cosas están desnudas y abiertas a los ojos de aquel a quien tenemos que dar cuenta.*" Todo lo creado está delante de sus ojos.

- Salmos 139:1-4 dice: "*Oh Jehová, tú me has examinado y conocido. Tú has conocido mi sentarme y mi levantarme; Has entendido desde lejos mis pensamientos. Has escudriñado mi andar y mi reposo, Y todos mis caminos te son conocidos. Pues aún no está la palabra en mi lengua, Y he aquí, oh Jehová, tú la sabes toda.*" Me conoce y mucho.

- Salmos 44:21 dice: "*¿No demandaría Dios esto? Porque él conoce los secretos del corazón.*" Mi corazón al descubierto, cómo engañar a Dios si él conoce todo mi ser.

- 1 Crónicas 28:9 dice: "*Y tú, Salomón, hijo mío, reconoce al Dios de tu padre, y sírvele con corazón perfecto y con ánimo voluntario; porque Jehová escudriña los corazones de todos, y entiende todo intento de los pensamientos. Si tú le buscares, lo hallarás; mas si lo dejares, él te desechará para siempre.*" Buscar a Dios es una cuestión del corazón y Dios lo sabe.

- Isaías 40:28 dice: "*¿No has sabido, no has oído que el Dios eterno es Jehová, el cual creó los confines de la tierra? No desfallece, ni se fatiga con cansancio, y su entendimiento no hay quien lo alcance.*" Entendimiento inescrutable.

- Isaías 46:9,10 dice: "*Acordaos de las cosas pasadas desde los tiempos antiguos; porque yo soy Dios, y no hay otro Dios, y nada hay semejante a mí, que anuncio lo por venir desde el principio, y desde la antigüedad lo que aún no era hecho; que digo: Mi consejo permanecerá, y haré todo lo que quiero.*" Los tiempos le pertenecen a su conocimiento.

- 1 Reyes 8:39 dice: "*Tú oirás en los cielos, en el lugar de tu morada, y perdonarás, y actuarás, y darás a cada uno conforme a sus caminos, cuyo corazón tú conoces (porque sólo tú conoces el corazón de todos los hijos de los hombres).*" Y Hechos 1:24 dice: "*Y orando, dijeron: Tú, Señor, que conoces los corazones de todos, muestra cuál de estos dos has escogido.*" Dios conoce el corazón.

CONCLUSIÓN

Hay mucho más que hablar sobre la omnisciencia de Dios, pero no se trata de cuánto sabemos sobre su infinito conocimiento, sino de cuánto reconocemos su saber sobre nosotros.

Que Él sepa todo no cambia nada a menos que un hijo se someta a la revelación de que a Dios nada le es oculto.

CAPÍTULO 13

DIOS Y LA ECONOMÍA, DIEZMOS, OFRENDAS,
PACTOS, SIEMBRA Y PRIMICIA

EL SISTEMA ECONÓMICO DEL REINO

Es muy importante entender cómo es que el Reino provee. Uno de los grandes problemas es que queremos entender un sistema de Reino con mente natural. También creemos que Dios da recursos a los necesitados, pero no, porque eso sería ir en contra de su propio diseño. La escasez y la pobreza no pertenecen al Reino de los Cielos, ya que en el Cielo no existe. La pobreza y la escasez radican en la muerte, o sea, por causa del pecado entró la pobreza, la miseria y el caos, todo esto porque entró la muerte. La prosperidad y la abundancia son manifestaciones de vida, un hijo en regla siempre será próspero y abundante.

La abundancia no es mucha cantidad, sino más bien el recurso continuo en la medida de la necesidad. La abundancia está relacionada a cuánto estemos dispuestos a invertir en el Reino. También el corazón está en juego, ya que todo problema de dinero es en realidad un problema en el corazón. Jamás Dios proveerá recursos en abundancia a quienes tengan el dinero como un dios. Un hijo próspero es alguien que crece en todas las áreas:

espirituales, emocionales, materiales. El Reino siempre está en movimiento. El Padre es proveedor, su naturaleza siempre provee. En Él se sustenta todo lo creado, aun lo que no existe le pertenece a Él, ya que solo Él es creador. Su amor es la base para proveer, un hijo recibe por causa de amor. No hay obra que califique para que Dios provea, siempre será su amor la base de provisión. El Reino es el Gobierno del Cielo. Todo el amor de Dios es administrado por el Reino. El Reino posee un sistema administrativo que hace regir la voluntad del Padre.

El Espíritu Santo es quien nos guía a toda verdad, a la realidad del Reino. Siempre que esté el Espíritu Santo, seremos llevados a cumplir lo que el Reino establece. La Palabra de Dios es la parte visible del sistema del Reino. En ella encontramos todas las leyes necesarias para vivir en el Reino. Recordemos que somos habitantes de la tierra y ciudadanos del cielo.

Aquí vemos una realidad: ignorar quién nos gobierna nos hace ilegales en ambos lados. Un hijo de Dios ciudadano del Reino no puede vivir como un simple habitante de la tierra. Es ilegal. Solo la certeza de si somos ciudadanos del Reino nos permitirá disfrutar de sus beneficios.

HASTA AQUÍ...

¿Qué es el dinero? El dinero es la parte visible de un sistema económico mundano. El dinero no es pecado, ya que Dios también provee dinero. El problema siempre está en las formas. Tener dinero no es evidencia de prosperidad ni de abundancia.

En el mundo, el dinero es solo una cantidad cargada de vanidad. A mayor dinero, mayor vanidad. El vacío es más grande, ya que el dinero sin la bendición de Dios solo será un peso al espíritu.

El dinero en el mundo tiene una legalidad según su ley. O sea, la ley que pesa sobre el dólar no es la misma que pesa sobre el peso argentino. El dinero se somete a gobiernos, esto es, que quien lo posee lo administra.

Dinero no es igual a riquezas. Aunque todo se resuma en dinero, un país es rico según su cultura. Los valores hacen rico a un país o a una persona. Una persona con dinero pero sin valores será solo un sujeto con dinero. Pero quien posee valores hará del dinero su servidor.

Deuteronomio 8:18 dice: *"Sino acuérdate de Jehová tu Dios, porque él te da el poder para hacer las riquezas, a fin de confirmar su pacto que juró a tus padres, como en este día poder para hacer riquezas"*.

En el Reino, el dinero es solo añadidura, porque lo primero es buscar el Reino y Su Justicia, o sea, sus valores y sus leyes. Por lo cual, todo el que tiene el Reino es rico y posee riquezas. Una idea puede ser la mayor de las riquezas. Dios nos dio la capacidad de crear. Para esto, también recibimos la capacidad de imaginar, entre otras virtudes. Quien tiene creatividad e imaginación ya accede a ámbitos de riquezas. El problema es que el dinero es un dios para quienes carecen de Dios. Tenga o no dinero, si no tiene a Dios, entonces es idolatría. (El pobre es un adorador del dinero que no tiene).

La riqueza va acompañada de posesiones. Las posesiones son los bienes legales que provee el Reino.

Podemos decir que somos ricos en:

1. Salud.

2. Paz.

3. Amor.

4. Dinero, etc.

1 Crónicas 29:12: *"Las riquezas y la gloria proceden de ti, y tú dominas sobre todo; en tu mano está la fuerza y el poder, y en tu mano el hacer grande y el dar poder a todos"*. Para aquellos que dudan del origen de la prosperidad, aquí recibimos revelación: en Dios está la fuerza y el poder.

2 Crónicas 32:29: *"Adquirió también ciudades y hatos de ovejas y de vacas en gran abundancia, porque Dios le había dado muchas riquezas"*.

Nuestra adquisición está en la determinación de cuánto nos da Dios.

Apocalipsis 5:12: *"Que decían a gran voz: El Cordero que fue inmolado es digno de tomar el poder, las riquezas, la sabiduría, la fortaleza, la honra, la gloria y la alabanza"*.

El Cordero que fue inmolado es digno de tomar todo el poder, las riquezas, la sabiduría, la fortaleza, la honra, la gloria y la alabanza. No podemos llamar riqueza a lo material, ya que en el Reino los valores son otros. En el Reino somos prósperos. Las riquezas de un hijo siempre dependen de dónde esté enfocado. El dinero y lo material se reducen a nada cuando nuestro galardón está en los cielos.

Hebreos 11:26 nos dice: *"Teniendo por mayores riquezas el vituperio de Cristo que los tesoros de los egipcios, porque tenía puesta la mirada en el galardón"*.

Colosenses 1:26-27 nos muestra un nivel superior de riqueza. Hay una dimensión que solo se accede dentro del diseño. No es posible tener mayor entendimiento del Reino y conocer los misterios de la gloria sin que se someta a legalidad lo natural. Eso involucra el dinero. Para aquellos que no reconocen el Reino como su sistema económico, están a expensas del dinero.

1 Timoteo 6:17 nos dice: *"A los ricos de este siglo manda que no sean altivos, ni pongan la esperanza en las riquezas, las cuales son inciertas, sino en el Dios vivo, que nos da todas las cosas en abundancia para que las disfrutemos"*. El dinero es esperanza para el natural.

La pobreza es el antónimo de riqueza. Hay que marcar que pobreza no es sinónimo de humildad. La humildad es una condición del corazón. Esto nos dice que el pobre porta un cierto rango de orgullo y rebeldía. El adinerado está más expuesto a la soberbia, ya que sin los valores correctos, el dinero es su fuerza y se empodera a sí mismo.

La pobreza es una medida pequeña, casi insuficiente, de valores y virtudes. La persona que carece de cantidad de dinero no es pobre, ya que la pobreza en el Reino no se mide por dinero, sino por valores y principios. En el Reino, abundamos en frutos. El Espíritu Santo nos hace abundar en frutos, por lo tanto, el dinero es añadido.

CÓMO REVERTIR UN SISTEMA ECONÓMICO NATURAL AL DEL REINO DE LOS CIELOS

Debemos hablar de un tema que sabemos, pero no de manera correcta. Buscaremos dar claridad a un sistema económico que, para quienes aman el dinero, les es un problema. Estos principios son para sanidad y crecimiento en el Reino.

Es muy importante entender que los principios son anteriores a la ley, o sea, no es una cultura judía que adaptamos al Nuevo Testamento, sino que los principios son parte del Reino de los Cielos, desde Adán, Abel, etc. Es por esto que no podemos decir que los mandamientos caducaron.

Diezmo: el diezmo parece ser una demanda judía del Antiguo Testamento, pero debemos entender que, en el Reino, los principios son en ámbitos de eternidad. O sea, aplica al Antiguo y Nuevo Testamento.

El diezmo es un impuesto de legalidad a la provisión de Dios, lo que hace el diezmo es llevar el dinero a un nivel de honra. La honra es la palabra clave, si no diezmamos hacemos del dinero un alimento para el saltón y el revoltón.

Cuando diezmamos, le quitamos a lo natural su poder, el mundo está bajo corrupción, por esto diezmar la saca de tal corrupción.

Génesis 28:22 *Y esta piedra que he puesto por señal, será casa de Dios; y de todo lo que me dieres, el diezmo apartaré para ti.*

El diezmo es un pacto del hombre hacia Dios, es un compromiso de ser legal, o sea, pagar impuestos. Aquí Jacob entendió que Dios era quien podía prosperar su camino, entonces supo que la manera correcta de conectarse al diseño era por medio del diezmo.

Jacob no inventó el diezmo, sino que al entrar en una dimensión de Reino le fue revelado el diseño del Reino y su economía, porque Jacob tuvo en mente diezmar, porque así lo aprendió de Isaac y de Abraham. "El diezmo se enseña".

AMÓS CAPÍTULO 4

En este pasaje, Dios llama a Israel a traer sus diezmos

como el inicio de una restauración. Dios quería sacar del medio de Israel el espíritu y el gobierno de mamón.

Malaquías 3:6 al 12: *Porque yo, Jehová, no cambio; por esto, hijos de Jacob, no habéis sido consumidos. Desde los días de vuestros padres os habéis apartado de mis leyes, y no las guardasteis. Volveos a mí, y yo me volveré a vosotros, ha dicho Jehová de los ejércitos. Mas dijisteis: ¿En qué hemos de volvernos? ¿Robará el hombre a Dios? Pues vosotros me habéis robado. Y dijisteis: ¿En qué te hemos robado? En vuestros diezmos y ofrendas. Malditos sois con maldición, porque vosotros, la nación toda, me habéis robado. Traed todos los diezmos al alfolí y haya alimento en mi casa; y probadme ahora en esto, dice Jehová de los ejércitos, si no os abriré las ventanas de los cielos, y derramaré sobre vosotros bendición hasta que sobreabunde.Reprenderé también por vosotros al devorador, y no os destruirá el fruto de la tierra, ni vuestra vid en el campo será estéril, dice Jehová de los ejércitos. Y todas las naciones os dirán bienaventurados; porque seréis tierra deseable, dice Jehová de los ejércitos.*

Dios les muestra a los judíos su sistema de gobierno. Había en ellos un espíritu de robo, faltar a la ley los hacía ladrones. Quien roba muestra una naturaleza diabólica, ya que el diablo es ladrón.

Para liberar a Israel de ese gobierno, Dios tenía que ponerlos bajo la legalidad, es decir, un sistema de honra y obediencia. Aquí es importante entender dos cosas: primero, si diezmamos, estamos legalizando nuestro dinero para que no sufra corrupción; segundo, estamos siendo obedientes, lo cual hace que seamos bendecidos, ya que en la obediencia está la bendición.

También, cumplir y obedecer el principio de diezmar hace que Dios mismo se comprometa con quienes están dispuestos a cumplir esta ley. Malaquías 3:10 dice: "Traed todos los diezmos al alfolí y haya alimento en mi casa; y probadme ahora en esto, dice Jehová de los ejércitos, si no os abriré las ventanas de los cielos, y derramaré sobre vosotros bendición hasta que sobreabunde". "Probadme en esto", traer todos, o sea todos, esto habla de exactitud y honestidad. Los diezmos, quien hace legal tu diezmo, es el alfolí, el lugar aprobado por Dios. Podemos decir que no es diezmo hasta que esté diezmado.

El diezmo va acompañado de la casa, la casa es el lugar donde Dios trae su presencia. Un hijo que entiende y cumple el diezmo también tendrá sentido de pertenencia, porque hace de la casa de Dios y su casa, por lo tanto, la cuida. Aquí es donde entra el interés por quienes ministran en la casa.

Las personas que ministraban en la Casa de Jehová eran personas apartadas por Dios para mantener la presencia de Dios en el pueblo. Eso les da una posición de autoridad, ya que todo pasaba por el sacerdote. La autoridad sacerdotal superaba a la del rey en un punto porque hasta el rey debía cumplir con la ley sacerdotal.

El origen de las bendiciones está en los Cielos, dice Dios. Abriré las ventanas de los Cielos y derramaré. No es un resultado del sistema natural, sino que el diezmo y la casa tienen el poder de movimientos celestiales. Economía del Reino.

La dimensión siempre será de abundancia extrema, o sea, hasta que sobreabunde.

IMPORTANTE

Dios no bendice por necesidad, sino por cumplir con el sistema de economía del Reino. Una realidad del Reino es que quienes someten a Dios su dinero cumpliendo con el diezmo acceden a ámbitos de servicio. Quien no diezma, tampoco servirá.

Por diseño, es ilegal. Quien sirve a Dios está obligado a estar a cuentas con su diezmo. El que tiene problemas para diezmar también tendrá problemas para servir.

Ofrenda: la primera revelación es que la ofrenda está conectada al corazón y a la voluntad. La ofrenda es primero que el diezmo. La segunda revelación es que la ofrenda está conectada al sacrificio.

Éxodo 20:24 dice: *"Altar de tierra harás para mí, y sacrificarás sobre él tus holocaustos y tus ofrendas de paz, tus ovejas y tus vacas; en todo lugar donde yo hiciere que esté la memoria de mi nombre, vendré a ti y te bendeciré".* La ofrenda nos conecta a la gracia.

Éxodo 29:14 dice: *"Pero la carne del becerro, y su piel y su estiércol, los quemarás a fuego fuera del campamento; es ofrenda por el pecado".*

La ofrenda impacta sobre el pecado.

Éxodo 29:24 dice: *"Y lo pondrás todo en las manos de Aarón, y en las manos de sus hijos; y lo mecerás como ofrenda mecida delante de Jehová".*

La ofrenda se dimensiona según sea mecida (sacudida). Mecerla da calidad y cantidad y es la forma de que sea visible.

Éxodo 29:28 dice: *"Y será para Aarón y para sus hijos como estatuto perpetuo para los hijos de Israel, porque es ofrenda elevada; y será una ofrenda elevada de los hijos de Israel, de sus sacrificios de paz, porción de ellos elevada en ofrenda a Jehová".*

Es una ofrenda elevada, es poner por encima de todo

y que sea presentada. Por esto levantamos las manos, ya que somos ofrenda a Dios.

Éxodo 30:15 dice: *"Ni el rico aumentará, ni el pobre disminuirá del medio siclo, cuando dieren la ofrenda a Jehová para hacer expiación por vuestras personas"*.

La ofrenda hace expiación en nosotros, o sea, nos presenta para salvación por nosotros mismos.

Malaquías 1:13 dice: *"Habéis además dicho: ¡Oh, qué fastidio es esto! y me despreciáis, dice Jehová de los ejércitos; y trajisteis lo hurtado, o cojo, o enfermo, y presentasteis ofrenda. ¿Aceptaré yo eso de vuestra mano?" dice Jehová.*

Existe una calidad de ofrenda, esto revela qué clase de amor siento por Él.

Ezequiel 42:13 dice: *"Y me dijo: Las cámaras del norte y las del sur, que están delante del espacio abierto, son cámaras santas en las cuales los sacerdotes que se acercan a Jehová comerán las santas ofrendas; allí pondrán las ofrendas santas, la ofrenda y la expiación y el sacrificio por el pecado, porque el lugar es santo"*.

Una ofrenda santa (apartada) te conecta al lugar santo.

Ezequiel 20:39 dice: *"Y a vosotros, oh casa de Israel, así ha dicho Jehová el Señor: Andad cada uno tras sus ídolos, y servidles, si es que a mí no me obedecéis; pero no profanéis más mi santo nombre con vuestras ofrendas y con vuestros ídolos"*.

Una ofrenda profana o de deshonra a Dios es aquella que tiene el mismo nivel que se le da a un ídolo. La ofrenda a Dios debe hacer la diferencia con el sistema del mundo.

En el mundo se mueve por reglas naturales. En el

Reino, la ofrenda está ligada al corazón y eso hace que sea diferente al mundo. Si en el corazón hay idolatría al dinero o falta de confianza en que Dios proveerá, entonces nuestra ofrenda califica en deshonra. La ofrenda debe tener un nivel mayor porque damos ofrenda en adoración.

Salmos 96:8 dice: "*Dad a Jehová la honra debida a su nombre; Traed ofrendas, y venid a sus atrios*".

Salmos 20:3 también dice: "*Haga memoria de todas tus ofrendas, Y acepte tu holocausto. Selah*".

Las ofrendas van a un libro que se llama el memorial, cada ofrenda es registrada y poseen el poder de ser recordadas.

Hechos 10:31 dice: "*y dijo: Cornelio, tu oración ha sido oída y tus limosnas recordadas delante de Dios*".

Las ofrendas te conectan al Reino y a hombres de Dios, también desatan ámbitos angelicales. Una ofrenda sobre el altar es registrada en el libro del memorial (Levítico 2:2).

Siembra: La siembra es una revelación en ámbitos de Reino. La siembra es una acción motivada por el corazón y tiene diferentes características. La más obvia es el dinero para cosechar dinero, pero recordando que en el Reino el dinero es una añadidura, podemos entender que la siembra está relacionada a una vida de cosechas. El sembrador es alguien que conoce el Reino y busca cosechar del mismo.

La siembra está relacionada con la semilla y la ley de la muerte. Olvidamos que en sembrar siempre habrá un morir. La semilla debe pasar por una ley de muerte para dar vida. Sembrar dinero no siempre dará dinero, sin entendimiento no califica como siembra. Si es lógico que sembrar dinero se cosechará dinero, pero sin cumplir la economía de Reino no hay manera de que ese dinero dé fruto.

Isaías 55:1-13: *A todos los sedientos: Venid a las aguas; y los que no tienen dinero, venid, comprad y comed. Venid, comprad sin dinero y sin precio, vino y leche.*

¿Por qué gastáis el dinero en lo que no es pan, y vuestro trabajo en lo que no sacia? Oídme atentamente, y comed del bien, y se deleitará vuestra alma con grosura.

Inclinad vuestro oído, y venid a mí; oíd, y vivirá vuestra alma; y haré con vosotros pacto eterno, las misericordias firmes a David.

He aquí que yo lo di por testigo a los pueblos, por jefe y por maestro a las naciones.

He aquí, llamarás a gente que no conociste, y gentes que no te conocieron correrán a ti, por causa de Jehová tu Dios, y del Santo de Israel que te ha honrado.

Buscad a Jehová mientras puede ser hallado, llamadle en tanto que está cercano.

Deje el impío su camino, y el hombre inicuo sus pensamientos, y vuélvase a Jehová, el cual tendrá de él misericordia, y al Dios nuestro, el cual será amplio en perdonar.

Porque mis pensamientos no son vuestros pensamientos, ni vuestros caminos mis caminos, dijo Jehová.

Como son más altos los cielos que la tierra, así son mis caminos más altos que vuestros caminos, y mis pensamientos más que vuestros pensamientos. Porque como desciende de los cielos la lluvia y la nieve, y no vuelve allá, sino que riega la tierra, y la hace germinar y producir, y da semilla al que siembra, y pan al que come, así será mi palabra que sale de mi boca; no volverá a mí vacía, sino que hará lo que yo quiero, y será prosperada en aquello para que la envié.

Porque con alegría saldréis, y con paz seréis vueltos; los montes y los collados levantarán canción delante de vosotros, y todos los árboles del campo darán palmadas de aplauso.

En lugar de la zarza crecerá ciprés, y en lugar de la ortiga crecerá arrayán; y será a Jehová por nombre, por señal eterna que nunca será raída.

Pacto: Es el acuerdo entre dos o más personas que obliga a ambas partes a cumplir una serie de condiciones.

Sinónimos: trato, convenio, contrato.

ETIMOLOGÍA DE PACTO

La palabra pacto proviene del latín Pactum, que significa algo ensamblado, trabado, asegurado y establecido. En Génesis 6:18, encontramos el primer pacto con Noé.

Mas estableceré mi pacto contigo, y entrarás en el arca tú, tus hijos, tu mujer, y las mujeres de tus hijos contigo.

Genesis 22:22: Y lo hizo así Noé; hizo conforme a todo lo que Dios le mandó. Dios hace un contrato con él y le da una orden y estatutos a cambio de obediencia.

En el capítulo 9:8 en adelante, Dios establece su pacto con Noé y sus descendientes, así como con todo ser viviente que está con él.

Y habló Dios a Noé y a sus hijos con él, diciendo: He aquí que yo establezco mi pacto con vosotros, y con vuestros descendientes después de vosotros; y con todo *ser viviente que está con vosotros; aves, animales y toda bestia de la tierra que está con vosotros, desde todos los que salieron del arca hasta todo animal de la tierra...*

Es importante destacar que para que un pacto sea iniciado, debe hacerse por medio de una voz. Dios habló a Noé y a sus hijos, lo que muestra que los pactos son generacionales.

En Génesis, también encontramos el pacto con Abraham, en el que Dios le promete la tierra a cambio de su obediencia a seguir creyendo.

Génesis 17:1 *Era Abram de edad de noventa y nueve años, cuando le apareció Jehová y le dijo: Yo soy el Dios Todopoderoso; anda delante de mí y sé perfecto...*

Dios hace pacto con Abraham y ahora le habla de descendencia.

Pacto de ADN, Génesis 17:4 *He aquí mi pacto es contigo, y serás padre de muchedumbre de gentes*: padre de multitudes, pacto de paternidad.

CAPÍTULO 14

VIDA ESPIRITUAL, ORACIÓN, LECTURA, AYUNO,
ADORACIÓN Y COMUNIÓN SOCIAL

Para poder desarrollar estos puntos, antes debemos entender el Cronos, es de vital importancia que asumamos la realidad del tiempo, una relación con Dios es todo el tiempo, y en diferentes áreas. No podemos entender relación con Dios de manera parcial.

Cuando decimos vida espiritual, estamos hablando de una cultura, de hábitos y costumbres que dan como resultado una relación con Dios. Es muy importante entender que toda cultura sin el Espíritu Santo es solo religión. Podemos tener excelente cultura religiosa y no tener una vida espiritual. La relación entre lo cultural y el Espíritu Santo es intrínseca, o sea, la vida espiritual es propia del Espíritu Santo. De lo contrario, es solo religión.

Cuando hablamos de cronos, es porque debemos asimilar la idea de que hay acciones naturales que están en el cronos y que serán las que nos lleven a una relación espiritual. Volvemos a plantear las siguientes bases: cultura, hábitos y costumbres. Desarrollar esto es un choque espiritual, ya que la cultura del Reino choca directamente con la carne. Es notorio que la carne que mora en los miembros del hombre no es compatible con la realidad espiritual. La mente es un territorio que debe ser renovado.

Efesios 4:20 al 32 dice lo siguiente: *Mas vosotros no habéis aprendido así a Cristo, si en verdad le habéis oído, y habéis sido por él enseñados, conforme a la verdad que está en Jesús.*

En cuanto a la pasada manera de vivir, despojaos del viejo hombre, que está viciado conforme a los deseos engañosos, y renovaos en el espíritu de vuestra mente.

Vestíos del nuevo hombre, creado según Dios en la justicia y santidad de la verdad.

Por lo cual, desechando la mentira, hablad verdad cada uno con su prójimo; porque somos miembros los unos de los otros.

El que hurtaba, no hurte más, sino trabaje, haciendo con sus manos lo que es bueno, para que tenga qué compartir con el que padece necesidad.

Ninguna palabra corrompida salga de vuestra boca, sino la que sea buena para la necesaria edificación, a fin de dar gracia a los oyentes.

Airaos, pero no pequéis; no se ponga el sol sobre vuestro enojo, ni deis lugar al diablo.

Y no contristéis al Espíritu Santo de Dios, con el cual fuisteis sellados para el día de la redención.

Quítense de vosotros toda amargura, enojo, ira, gritería y maledicencia, y toda malicia.

Antes sed benignos unos con otros, misericordiosos, perdonándoos unos a otros, como Dios también os perdonó a vosotros en Cristo.

Renovar la mente es fundamental para vivir una vida

plena y en armonía con Dios. Debemos despojarnos de las malas actitudes y renovar nuestro espíritu. Por eso, debemos quitar de nosotros toda amargura, enojo, ira, gritería y maledicencia, y toda malicia, y ser benignos unos con otros, misericordiosos y perdonándonos unos a otros, como Dios nos perdonó en Cristo.

Recordemos que somos miembros los unos de los otros y que debemos hablar verdad y no contristar al Espíritu Santo de Dios.

Cuando llegamos a Cristo, somos salvos en el espíritu y entramos en un proceso de sanidad del alma, el cual lleva liberación y mucho perdón, pero la mente es el territorio que posee una alta demanda de decisiones y cambios muy conscientes.

La memoria es el área de las limitaciones, ya que allí se fortalecen las costumbres. Hago lo que fue formateado, o sea, lo que está en la memoria. El espíritu de la mente es lo que conecta al alma, entonces los recuerdos afectan las emociones. Renovarnos es una determinación a cambiar costumbres y hábitos para que cambien las emociones. Dios nos regaló una gran ayuda que es el dominio propio. Nadie que está en Cristo puede decir "yo no puedo".

COSTUMBRE

Levítico 18:30 *Guardad, pues, mi ordenanza, no haciendo las costumbres abominables que practicaron antes de vosotros, y no os contaminéis en ellas. Yo Jehová vuestro Dios.*

La costumbre puede ser personal o colectiva, es por esto que existe la demanda de a qué yugo nos unimos. Las culturas se canalizan por las costumbres y los hábitos. No podemos vivir en dos costumbres. De hecho, nuestras costumbres como ciudadanos del Reino siempre chocarán con las del mundo.

No podemos vivir en dos costumbres o podemos decir con un pie en el mundo, el sistema, y con otro pie en el Reino.

La cultura procede del Reino, pero las costumbres son lo que yo hago con esa cultura. Un principio puede ser opcional o puedo llevarlo a un estilo de vida. El problema es que pensamos que Dios debe hacer todo y esa es una mala costumbre.

2 Reyes 17:25 al 41: *Y aconteció al principio, cuando comenzaron a habitar allí, que no temiendo ellos a Jehová, envió Jehová contra ellos leones que los mataban.*

Dijeron, pues, al rey de Asiria: Las gentes que tú trasladaste y pusiste en las ciudades de Samaria, no conocen la ley del Dios de aquella tierra, y él ha echado leones en medio de ellos, y he aquí que los leones los matan, porque no conocen la ley del Dios de la tierra.

Y el rey de Asiria mandó, diciendo: Llevad allí a alguno de los sacerdotes que trajisteis de allá, y vaya y habite allí, y les enseñe la ley del Dios del país.

Y vino uno de los sacerdotes que habían llevado cautivo de Samaria, y habitó en Bet-el, y les enseñó cómo habían de temer a Jehová.

Pero cada nación se hizo sus dioses, y los pusieron en los templos de los lugares altos que habían hecho los de Samaria; cada nación en su ciudad donde habitaba.

Los de Babilonia hicieron a Sucot-benot, los de Cuta hicieron a Nergal, y los de Hamat hicieron a Asima. Los aveos hicieron a Nibhaz y a Tartac, y los de Sefarvaim quemaban sus hijos en el fuego para adorar a Adramelec y a Anamelec, dioses de Sefarvaim.

Temían a Jehová, e hicieron del bajo pueblo sacerdotes de los lugares altos, que sacrificaban para ellos en los templos de los lugares altos.

Temían a Jehová, y honraban a sus dioses, según la costumbre de las naciones de donde habían sido trasladados.

Hasta hoy hacen como antes: ni temen a Jehová, ni guardan sus estatutos ni sus ordenanzas, ni hacen según la ley y los mandamientos que prescribió Jehová a los hijos de Jacob, al cual puso el nombre de Israel; con los cuales Jehová había hecho pacto, y les mandó diciendo: No temeréis a otros dioses, ni los adoraréis, ni les serviréis, ni les haréis sacrificios.

Mas a Jehová, que os sacó de tierra de Egipto con grande poder y brazo extendido, a éste temeréis, y a éste adoraréis, y a éste haréis sacrificio.

Los estatutos y derechos y ley y mandamientos que os dio por escrito, cuidaréis siempre de ponerlos por obra, y no temeréis a dioses ajenos.

No olvidaréis el pacto que hice con vosotros, ni temeréis a dioses ajenos; más temed a Jehová vuestro Dios, y él os librará de mano de todos vuestros enemigos.

Pero ellos no escucharon; antes hicieron según su costumbre antigua.

Así temieron a Jehová aquellas gentes, y al mismo tiempo sirvieron a sus ídolos; y también sus hijos y sus nietos, según como hicieron sus padres, así hacen hasta hoy.

Siempre las costumbres están relacionadas con la

idolatría. Son hábitos que nos gobiernan. Es tiempo de un cambio consciente y de una decisión definitiva: decidir qué cultura vamos a adoptar y qué costumbres y hábitos vamos a seguir de ese Reino.

Esto nos llevará a un resultado diferente.

Hay una dimensión mayor que se mueve por la línea de los hábitos y costumbres. Es importante entender que un hábito es personal y una costumbre es social. En la sociedad, tenemos costumbres que deben ser entendidas y respetadas.

Por ejemplo, en 1 Corintios 11:16, se dice: *"Con todo eso, si alguno quiere ser contencioso, nosotros no tenemos tal costumbre, ni las iglesias de Dios"*.

En 1 Corintios 15:33, se afirma: *"No erréis; las malas conversaciones corrompen las buenas costumbres"*.

En Hebreos 10:25, se exhorta: *"No dejando de congregarnos, como algunos tienen por costumbre, sino exhortándonos; y tanto más, cuanto veis que aquel día se acerca"*.

En Hebreos 13:5, se nos recuerda: *"Sean vuestras costumbres sin avaricia, contentos con lo que tenéis ahora; porque él dijo: No te desampararé, ni te dejaré"*.

Los hábitos y costumbres en la cultura del Reino son:

1. LA ORACIÓN

Orar sin cesar y en todo tiempo.

Colosenses 1:9 dice: *"Por lo cual también nosotros, desde el día que lo oímos, no cesamos de orar por vosotros, y de pedir que seáis llenos del conocimiento de su voluntad en toda sabiduría e inteligencia espiritual"*.

No cesamos de orar.

1 Tesalonicenses 5:17 dice: "*Orad sin cesar*".

2. LEER LA BIBLIA

1 Timoteo 4:13 dice: "*Entre tanto que voy, ocúpate en la lectura, la exhortación y la enseñanza*".

2 Timoteo 3:16 dice: "*Toda la Escritura es inspirada por Dios, y útil para enseñar, para redargüir, para corregir, para instruir en justicia*".

3. EL AYUNO

2 Samuel 12:16 dice: "*Entonces David rogó a Dios por el niño; y ayunó David, y entró, y pasó la noche acostado en tierra*".

1 Reyes 21:9 dice: "*Y las cartas que escribió decían así: Proclamad ayuno, y poned a Nabot delante del pueblo: Proclamar*".

2 Crónica 20:3 dice: "*Entonces él tuvo temor; y Josafat humilló su rostro para consultar a Jehová, e hizo pregonar ayuno a todo Judá: Pregonar*".

Salmos 35:13 dice: "*Pero yo, cuando ellos enfermaron, me vestí de cilicio; Afligí con ayuno mi alma, Y mi oración se volvía a mi seno: Afligir el alma*".